Yun Ji-yu

Bibimbap

비빔밥. 요리로 배우는 한국어

Apprendre le coréen par la cuisine

40 recettes pour progresser en s'amusant

Les fichiers vidéo et audio sont téléchargeables à l'adresse suivante :
https://www.dunod.com/EAN/9782200635213

Mise en pages : Nord Compo

Armand Colin est une marque de Dunod Éditeur
11, rue Paul Bert, 92240 Malakoff
www.dunod.com

ISBN 978-2-200-63521-3

Yun Ji-yu

Bibimbap

비빔밥. 요리로 배우는 한국어

Apprendre le coréen par la cuisine

40 recettes pour progresser en s'amusant

Traduction française de Lucile Rusu

ARMAND COLIN

PRÉFACE

전 세계적으로 드라마와 가요에서 시작된 한류의 열풍은 음식, 언어, 문화 산업 등 다양한 분야로 확산되고 있습니다. 특히 집에서 여가를 보내며 직접 요리를 하려는 사람들이 많아지면서 한국 음식을 만들어 보고, 맛보고 싶어 하는 외국인들 역시 점점 늘어나고 있습니다.

〈*Bibimbap. Apprendre le coréen par la cuisine*〉는 이러한 경향을 반영하여 한국 음식을 직접 만들어 보면서 한국어를 배울 수 있도록 구성한 책입니다. 앞서 필자가 집필한 〈*Hangeul : Lire, écrire, comprendre et prononcer le coréen en s'amusant*〉이 전세계 초급 한국어 학습자들로부터 많은 인기를 얻은 것에 감사하며, 초급 한국어 학습자들이 좀 더 재미있게 한국어를 공부할 수 있는 방법을 고민하다가 이 책을 집필하게 되었습니다.

〈*Bibimbap. Apprendre le coréen par la cuisine*〉는 외국인들의 선호도가 높은 한국 음식을 중심으로 총 40개의 요리 목록을 선정하고 이를 재료별로 나누어 제시했습니다. 그리고 각 요리마다 필요한 재료와 만드는 방법을 상세히 소개하여 관련 어휘를 익히고 한국어 표현을 연습해 볼 수 있도록 했습니다. 또한 한식의 조리법이 낯설거나 자세한 과정을 확인하고 싶은 학습자들을 위해 조리 과정을 동영상으로 제공하였습니다. 교재 구성에 맞춘 조리 과정을 차근차근 따라가다 보면 어느새 한국 요리와 한국어에 익숙해질 수 있을 것입니다.

한국어 교육자로서 요리가 중심이 된 책을 쓴다는 것이 쉬운 일은 아니었습니다. 원고를 쓰고, 그에 맞춰 직접 요리하는 과정을 동영상과 사진으로 촬영하는 것은 많은 시간과 노력을 필요로 하는 일이었습니다. 그만큼 이 책을 통해 한국 음식과 한국어에 관심을 가지고 계신 많은 분들이 '한식'을 직접 만들어 보고 그 맛을 경험할 수 있는 좋은 계기가 될 수 있기를 바랍니다.

이 책이 완성되기까지 용기를 주시고 응원해 주신 부모님께 감사드립니다. 특히 어릴 때부터 재료 다듬는 법부터 요리의 과정을 틈틈이 일러 주셨던 어머니의 가르침에 감사드립니다. 또한 이 책이 출간될 수 있도록 끝까지 함께 해 주신 다락원 한국어 출판부 편집진께도 감사의 마음을 전합니다.

윤지유

La vague coréenne (*hallyu*), qui s'est diffusée dans le monde entier par le biais de séries télévisées et de la musique, continue de s'étendre à divers domaines, notamment l'alimentation, la langue et les industries culturelles. Et de fait, comme de plus en plus de gens passent leur temps libre à la maison et cuisinent pour eux-mêmes, le nombre d'étrangers préparant et goûtant des plats coréens est en nette augmentation.

Reflet de cet engouement, ***Bibimbap. Apprendre le coréen par la cuisine*** est un livre conçu pour vous aider à apprendre le coréen tout en cuisinant des plats coréens. J'ai écrit ce livre encouragée par le succès du précédent, ***Hangeul. Lire, écrire et prononcer le coréen en s'amusant***, auprès des débutants du monde entier dans l'apprentissage du coréen. Je voulais trouver un moyen de rendre l'apprentissage du coréen encore plus divertissant pour ceux qui en commencent l'étude.

J'ai organisé ***Bibimbap. Apprendre le coréen par la cuisine*** autour d'une liste de 40 plats coréens, classés selon leur ingrédient principal, parmi les plus populaires à l'étranger. Pour chaque plat, les ingrédients nécessaires et la méthode de préparation sont présentés en détail pour vous faciliter l'apprentissage du vocabulaire requis et la pratique des expressions coréennes. Et pour les lecteurs qui ne sont pas familiers avec les méthodes de cuisine coréenne ou qui veulent vérifier les étapes plus en détail, des vidéos du processus de cuisson sont fournies. Si vous suivez les étapes des recettes du livre, vous vous familiariserez rapidement avec la cuisine et la langue coréennes.

En tant qu'enseignante de coréen, écrire un livre sur la cuisine n'a pas été une tâche facile. Il a fallu beaucoup de temps et d'efforts pour rédiger le manuscrit et prendre des vidéos et des photos du déroulé des recettes. J'espère que ce livre incitera de nombreuses personnes intéressées par la cuisine et la langue coréenne à s'essayer à la préparation de nourriture coréenne et à en découvrir les saveurs.

Je remercie mes parents pour leur encouragements et leur soutien tout au long de la réalisation de ce livre. Je remercie en particulier ma mère, qui m'a appris dès mon plus jeune âge la préparation des ingrédients et le processus de cuisson. Je voudrais également remercier l'équipe éditoriale de la maison d'édition coréenne Darakwon pour m'avoir soutenue jusqu'au bout afin que ce livre puisse être publié.

Yun Ji-yu

Comment utiliser ce livre

미리 배우는 기본 썰기
AVANT DE COMMENCER : LES DÉCOUPES À MAÎTRISER

어슷썰기 [eoseutsseolgi]
Méthode de découpe d'ingrédients en longueur comme pour la ciboule ou les carottes. Le couteau est tenu à un angle oblique et coupe en diagonale.

송송 썰기 [songsong sseolgi]
Méthode de découpe du piment vert ou des oignons en petits morceaux. Habituellement, ce type de hachage fin est utilisé pour les garnitures qui décorent les plats ou lors de la préparation des assaisonnements.

반달썰기 [bandalsseolgi]
Méthode consistant à couper les courgettes, les pommes de terre, ou les carottes en deux, dans le sens de la longueur, puis de manière uniforme, en demi-cercles.

깍둑썰기 [kkakttuksseolgi]
Méthode de découpe des radis blancs chinois ou des pommes de terre en forme de cubes ressemblant à des dés.

나박 썰기 [nabak sseolgi]
Méthode de découpe

편 썰기 [pyeon sseolgi]
Méthode de découpe

한식에 쓰이는 양념
APPRENDRE AVANT DE CUISINER : CONDIMENTS CORÉENS DE BASE

간장 [ganjang]
sauce soja

된장 [doenjang]
doenjang (pâte de soja)

고추장 [gochujang]
Gochujang (pâte de piment rouge)

참기름 [chamgireum]
huile de sésame

들기름 [deulgireum]
huile de périlla

깨 [kkae]
graines de sésame

고춧가루 [gochutgaru]
poudre de piment rouge

새우젓 [saeujeot]
crevettes en saumure

+ Les différentes utilisations des différents types de sauce soja
- Sauce soja à la coréenne :

음식 소개 ◆ Présentation du plat

각 요리의 첫 페이지는 완성 음식 사진과 함께 해당 요리에 대한 간략한 설명을 제시하여 요리에 대한 이해를 높였습니다. 총 40가지의 요리는 고유 명사 명칭으로 표기됩니다.

La première page de chaque recette fournit une image du plat terminé et une brève description pour en faciliter la compréhension. Le nom de chacun des 40 plats est proposé en coréen transcrit pour permettre à l'apprenant de découvrir le nom authentique du plat qu'il prépare.

저자가 직접 진행한 해당 요리 영상은 QR 코드를 통해 확인할 수 있습니다.

Une vidéo de l'auteur préparant personnellement le plat présenté est accessible via un QR code.

비빔밥
Bibimbap

Vidéo 009

• BIBIMBAP •

Le *bibimbap* est un plat de riz garni de divers légumes et viandes et agrémenté de *gochujang* ou de sauce soja. Au lieu de *bibimbap*, on l'appelait autrefois *gol-dong-ban*, ce qui signifie « mélange vertigineux ». Le *bibimbap* est un plat représentatif de la cuisine coréenne, populaire en Corée et à l'étranger. Comme il est laborieux de préparer les légumes assaisonnés, vous pouvez les remplacer par des légumes sautés et du *gochujang*.

56

한식 요리의 기본 ◆ Les bases de la cuisine coréenne

총 40가지의 요리가 수록되어 있습니다. 각 요리를 배우기 전에 알아두어야 할 한식 요리의 기본인 '썰기, 조리 용어, 계량, 양념' 등에 대한 내용과 한식 상차림의 기본인 '김치' 와 '밥 짓기'의 내용을 담았습니다.

Contient un total de 40 plats différents. Comprend des informations sur les techniques de coupe, les termes de cuisson, les mesures, l'assaisonnement et d'autres étapes incontournables avant d'apprendre la confection de chaque plat, ainsi que des informations sur le *kimchi* et la fabrication du riz, sans oublier les étapes du dressage d'une table coréenne.

2 Rice

재료 INGREDIENTS

2인분 Serves 2

밥 2공기 (400g) 2 bowls (400 grams) of steamed rice
소고기 150g 150 grams of beef
당근 1/3개 1/3 carrot
애호박 1/3개 1/3 Korean squash
표고버섯 4개 4 shiitake mushrooms
양파 1/2개 1/2 onion
참기름 1큰술 1 tablespoon sesame oil
달걀 2개 2 eggs
소금 약간 a pinch of salt
식용유 2큰술 2 tablespoons cooking oil

Sauce & Marinade

소고기 양념 BEEF MARINADE
간장 1큰술 1 tablespoon soy sauce
설탕 1/2큰술 1/2 tablespoon sugar
다진 마늘 1/2작은술 1/2 teaspoon crushed garlic
참기름 1/2큰술 1/2 tablespoon sesame oil
후춧가루 조금 a pinch of ground black pepper

시금치 나물 SEASONED SPINACH
시금치 150g 150 grams of spinach
간장 2작은술 2 teaspoons soy sauce
참기름 1작은술 1 teaspoon sesame oil
깨소금 약간 a pinch of ground sesame

비빔 고추장 BIBIM GOCHUJANG
고추장 2큰술 2 tablespoon gochujang
설탕 1/2큰술 1/2 tablespoon sugar
참기름 1큰술 1 tablespoon sesame oil

비빔 간장 BIBIM SOY SAUCE
간장 2큰술 2 tablespoons soy sauce
설탕 1/2큰술 1/2 tablespoon sugar
참기름 1큰술 1 tablespoon sesame oil

준비 PREPARATION

- 소고기는 가늘게 썰거나 다진 고기를 이용한다.
  Cut beef into thin slices or use ground beef.
- 당근, 양파, 표고버섯은 채를 썰고, 호박은 반달썰기 한다. 시금치는 다듬어 씻는다.
  Slice the carrots, onions, and shiitake mushrooms, and cut the Korean squash into half-circle slices. Trim and clean the spinach.
- 채소 재료는 다른 채소로 대신하거나 빼도 된다.
  Vegetables can be substituted with others or omitted.

요리 COOKING

1 소고기에 고기 양념을 모두 넣고 무쳐서 재워 둔다.
Add all the marinade to the beef, season it, and leave it to rest.

2 시금치는 끓는 물에 1-2분 정도 데쳐서 찬물에 헹궈 물기를 꼭 짠다. 그 다음 간장, 참기름, 깨소금을 넣고 무친다.
Blanch the spinach in boiling water for 1-2 minutes, rinse with cold water, and squeeze well. Then season with soy sauce, sesame oil, and ground sesame.

3 당근, 양파, 표고버섯, 호박은 각각 팬에 기름을 두르고 소금을 뿌려 살짝 볶는다.
Coat the pan in oil, then lightly stir-fry the carrots, onions, shiitake mushrooms, and Korean squash separately, sprinkled with salt.

4 재워 둔 소고기는 프라이팬에 볶는다.
Stir-fry the marinated beef in a frying pan.

5 비빔 고추장 또는 비빔 간장 재료를 모두 섞어 양념장을 만들고, 달걀프라이를 만든다.
Mix all the bibim gochujang or bibim soy sauce ingredients to make a sauce, and fry an egg.

6 그릇에 밥을 담고 볶은 채소들과 소고기를 담고 달걀프라이를 올린다. 그 위에 참기름을 넣고 비빔 고추장 또는 비빔 간장을 곁들여 비빈다.
Fill a bowl with steamed rice, add the stir-fried vegetables and beef, and place the fried egg on top. Top with sesame oil, and then garnish with bibim gochujang or bibim soy sauce and mix.

57

재료 소개 ◆ Présentation des ingrédients

각 요리의 재료를 한·영 병기로 표기하고, 양념장 등은 따로 하단에 분리하여 제시하였습니다.

Les ingrédients de chaque plat sont écrits en coréen et en français. Les condiments et autres accompagnements sont précisés séparément en bas de la page.

재료별 요리 구분 ◆ Plats classés par ingrédients

총 6가지의 재료 구분은 오른쪽 상단에 숫자와 색상으로 인덱스처럼 구분할 수 있게 했습니다.

Les 6 catégories de mets sont identifiées par un onglet avec un numéro et une couleur dans le coin supérieur droit.

요리 과정 ◆ La préparation

요리는 준비 과정에 이어서 요리 본 과정을 각 단계별로 사진 자료와 함께 제시하여 보고 따라할 수 있도록 했습니다.

Après la sélection des ingrédients, le processus de préparation est détaillé avec des photos à chaque étape, afin que vous puissiez regarder et suivre.

어휘 ◆ Vocabulaire

해당 요리에서 배울 수 있는 재료와 요리 표현 어휘를 제시하였습니다. 각 재료에 대한 사진 자료와 간단한 설명으로 이해를 높였으며, 요리 표현에서는 예문을 함께 넣었습니다.

Nous avons listé les ingrédients et le vocabulaire culinaire à apprendre à l'occasion de chaque plat, avec des photos et de courtes descriptions de chaque ingrédient pour vous en faciliter la compréhension. Des exemples de phrases utilisant les expressions culinaires sont également proposés.

QR 코드로 각 재료명과 표현, 예문의 음성 녹음도 바로 확인할 수 있습니다.

Vous pouvez utiliser les QR codes pour vérifier la prononciation de chaque ingrédient, expression culinaire ou exemple proposés à l'aide d'un fichier audio associé au manuel.

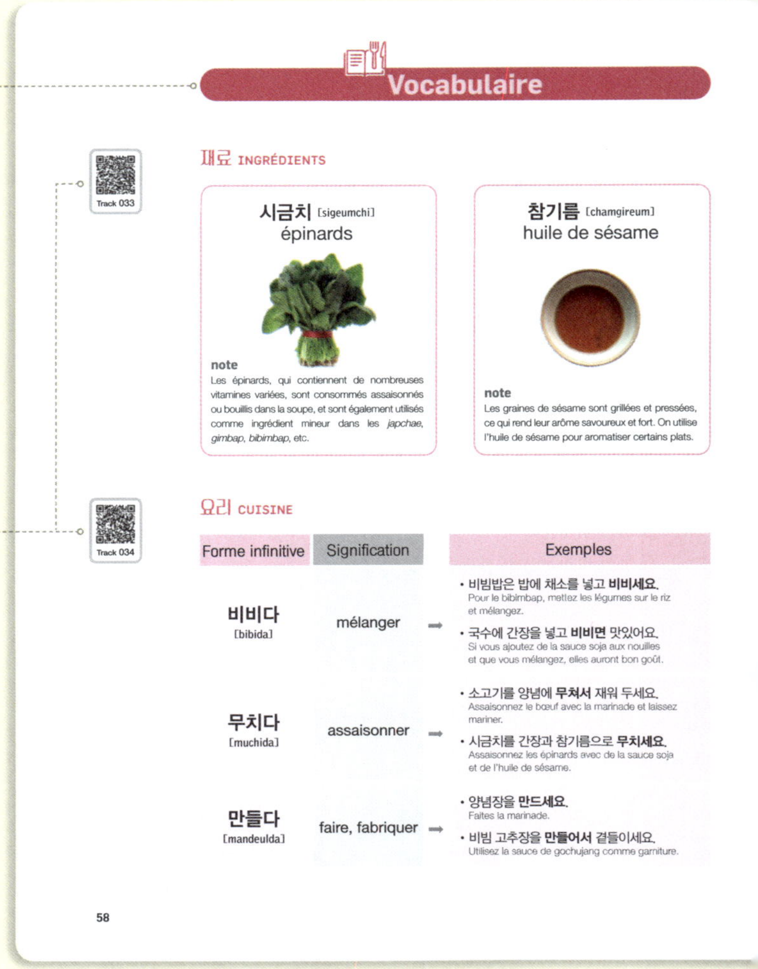

Vocabulaire

Track 033

재료 INGRÉDIENTS

시금치 [sigeumchi]
épinards

note
Les épinards, qui contiennent de nombreuses vitamines variées, sont consommés assaisonnés ou bouillis dans la soupe, et sont également utilisés comme ingrédient mineur dans les *japchae*, *gimbap*, *bibimbap*, etc.

참기름 [chamgireum]
huile de sésame

note
Les graines de sésame sont grillées et pressées, ce qui rend leur arôme savoureux et fort. On utilise l'huile de sésame pour aromatiser certains plats.

Track 034

요리 CUISINE

Forme infinitive	Signification	Exemples
비비다 [bibida]	mélanger →	• 비빔밥은 밥에 채소를 넣고 **비비세요.** Pour le bibimbap, mettez les légumes sur le riz et mélangez. • 국수에 간장을 넣고 **비비면** 맛있어요. Si vous ajoutez de la sauce soja aux nouilles et que vous mélangez, elles auront bon goût.
무치다 [muchida]	assaisonner →	• 소고기를 양념에 **무쳐서** 재워 두세요. Assaisonnez le bœuf avec la marinade et laissez mariner. • 시금치를 간장과 참기름으로 **무치세요.** Assaisonnez les épinards avec de la sauce soja et de l'huile de sésame.
만들다 [mandeulda]	faire, fabriquer →	• 양념장을 **만드세요.** Faites la marinade. • 비빔 고추장을 **만들어서** 곁들이세요. Utilisez la sauce de gochujang comme garniture.

58

부록 ◆ Appendice

본문 요리에서 영어 번역만 들어간 각 요리 소개와 'Parlons coréen !'의 한국어 문법 설명에 대한 한국어 원문을 정리하였으며, 각 요리의 'Vocabulaire' 색인을 제시하였습니다.

Pour compléter les traductions françaises fournies avec chaque recette, nous vous proposons également le texte coréen introduisant chaque plat, ainsi que le texte coréen original de « Parlons coréen ! » donnant des explications relatives à la grammaire coréenne. Nous vous proposons également un index du vocabulaire de chaque plat.

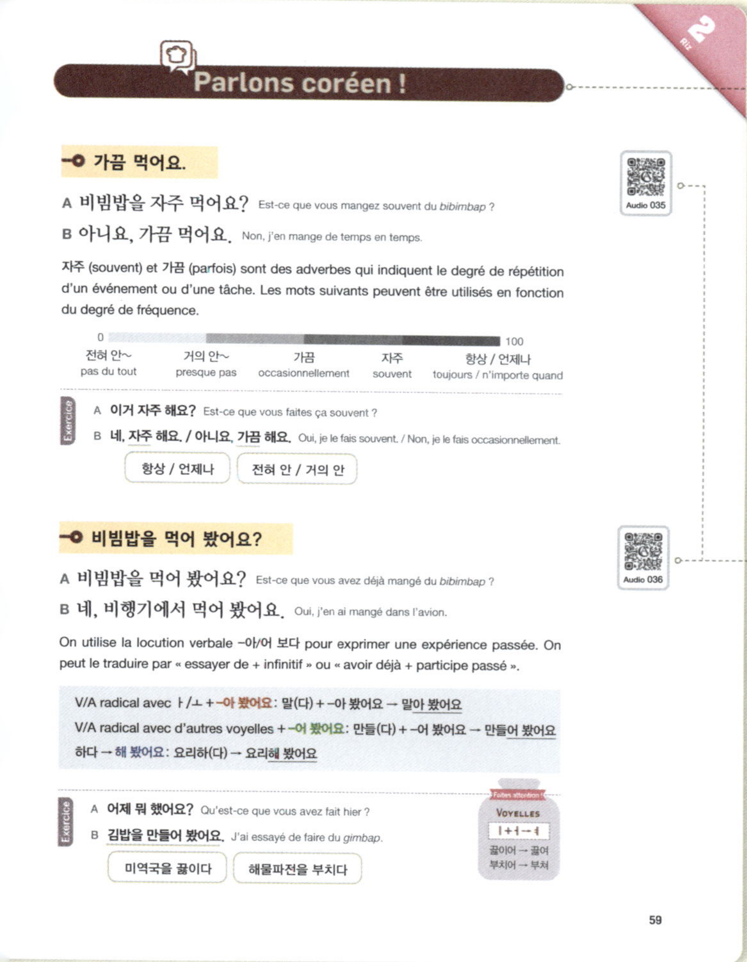

한국어로 말하기 ◆ Parlons coréen !

요리를 따라하며 자주 접할 수 있는 주요 한국어 표현을 쉽게 익힐 수 있도록 문법 설명과 예문을 제시하였습니다.

Des explications grammaticales et des exemples de phrases sont fournis afin que vous puissiez facilement maîtriser les expressions coréennes clés que vous rencontrerez fréquemment lorsque vous cuisinerez.

각 예문과 연습 대화 및 문장은 QR 코드를 통해 음성 녹음을 바로 확인할 수 있습니다.

Vous pouvez écouter tous les enregistrements audios des dialogues et des phrases d'exemples via le QR code fourni à chaque étape.

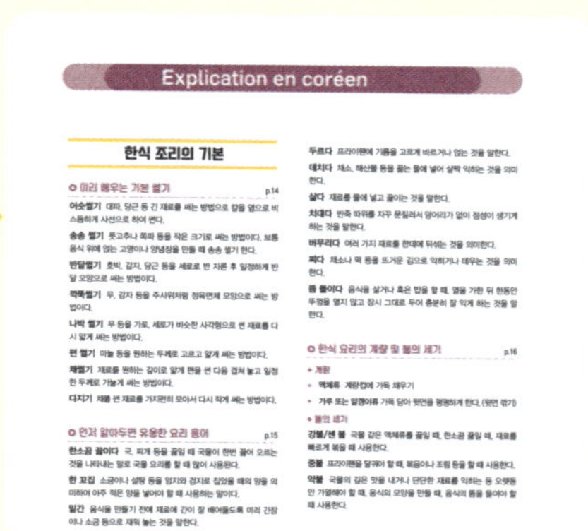

Table des matières

Recettes coréennes

1 김치 Kimchi

2 쌀 Riz

3 달걀·두부 Œufs·Tofu

Les bases de la cuisine coréenne

미리 배우는 기본 썰기
AVANT DE COMMENCER : LES DÉCOUPES À MAÎTRISER

어슷썰기 [eoseutsseolgi]

Méthode de découpe d'ingrédients en longueur comme pour la ciboule ou les carottes. Le couteau est tenu à un angle oblique et coupe en diagonale.

송송 썰기 [songsong sseolgi]

Méthode de découpe du piment vert ou des oignons en petits morceaux. Habituellement, ce type de hachage fin est utilisé pour les garnitures qui décorent les plats ou lors de la préparation des assaisonnements.

반달썰기 [bandalsseolgi]

Méthode consistant à couper les courgettes, les pommes de terre, ou les carottes en deux, dans le sens de la longueur, puis de manière uniforme, en demi-cercles.

깍둑썰기 [kkakttuksseolgi]

Méthode de découpe des radis blancs chinois ou des pommes de terre en forme de cubes ressemblant à des dés.

나박 썰기 [nabak sseolgi]

Méthode de découpe pour les radis comme le radis blanc chinois en fines tranches carrées de même épaisseur et de même longueur.

편 썰기 [pyeon sseolgi]

Méthode de découpe de l'ail en fines tranches d'une épaisseur choisie

채썰기 [chaesseolgi]

Méthode consistant à trancher finement les ingrédients à une longueur désirée, puis à les empiler et à les couper en fines lamelles d'épaisseur uniforme.

다지기 [dajigi]

Méthode pour rassembler uniformément les ingrédients en julienne et pour les couper ensuite en plus petits morceaux.

미리 알아 두면 유용한 요리 용어

INFORMATIONS UTILES AVANT DE CUISINER : VOCABULAIRE DE LA CUISSON

한소끔 끓이다 [hansokkeum kkeurida]	Mijoter : porter à ébullition puis réduire le feu, lors de la cuisson des soupes et des ragoûts. Ce terme est utilisé fréquemment.
한 꼬집 [han kkojip]	Pincée de sucre ou de sel. Utilisé lorsqu'une très petite quantité d'un condiment est nécessaire.
밑간 [mitkkgan]	Fait référence au fait de mariner vos ingrédients dans de la sauce soja ou dans du sel pour les assaisonner avant de les faire cuire.
자작하다 [jajakada]	Signifie qu'une soupe est mijotée au point que les ingrédients se fondent dans le bouillon.
무르다 [mureuda]	Signifie que quelque chose de dur s'est ramolli.
익다 [iktta]	Fait référence à la saisie d'aliments crus tels que la viande, les légumes ou les céréales pour modifier leurs propriétés et leur goût.
재우다 [jaeuda]	Consiste à appliquer un assaisonnement ou une marinade sur des aliments et à les laisser reposer pendant une période déterminée afin de leur infuser du goût.
달구다 [dalguda]	Fait référence à la chauffe d'une poêle sur une plaque de cuisson.
지지다 [jijida]	Fait référence à la cuisson d'ingrédients dans une poêle chauffée, au fait de les faire sauter à la poêle.
두르다 [dureuda]	Fait référence au fait de verser uniformément de l'huile sur une poêle.
데치다 [dechida]	Signifie mettre des légumes, ou des fruits de mer dans de l'eau bouillante pour les blanchir – soit les cuire légèrement.
삶다 [samtta]	Fait référence au fait de cuire des aliments dans de l'eau bouillante.
치대다 [chidaeda]	Fait référence au pétrissage de la pâte jusqu'à ce qu'elle soit exempte de grumeaux et devienne légèrement collante.
버무리다 [beomurida]	Signifie mélanger plusieurs ingrédients différents ensemble.
찌다 [jjida]	Cuisson des légumes, du *tteok* (gâteau de riz), des raviolis à la vapeur chaude.
뜸 들이다 [tteum deurida]	Signifie ne pas soulever le couvercle pendant un certain temps après avoir provoqué une ébullition afin que la préparation soit bien cuite comme pour la cuisson du riz par exemple.

한식 요리의 계량 및 불의 세기
CUISINE CORÉENNE : MESURES ET INTENSITÉ DU FEU

◆ 계량 Mesures

큰술 [keunsul] / **작은술** [jageunsul] cuillère à soupe / cuillère à café

1큰술 = 15 ml

1/2큰술 = 7 ml

1작은술 = 5 ml

컵 [keop] verre doseur 1컵 = 200 ml

✦ **Pour les poudres ou les céréales**
Remplissez à ras bord, puis aplanissez la surface (niveau par rapport au bord).

✦ **Pour les liquides**
Remplissez le verre doseur à ras bord.

◆ 불의 세기 Intensité du feu de cuisson

강불 [gangbul] / **센 불** [sen bul]
Feu vif

Utilisé pour faire bouillir des liquides comme de la soupe, pour porter quelque chose à ébullition, pour faire revenir rapidement des ingrédients, etc.

중불 [jungbul] Feu moyen

Utilisé pour chauffer une poêle mais aussi pour faire sauter ou mijoter des ingrédients.

약불 [yakppul] Feu doux

Utilisé pour cuire des aliments lentement et leur donner un goût profond comme pour les soupes ou lors de la cuisson de légumes durs, etc. ; lorsque vous découpez des aliments et que vous souhaitez bien les cuire à la vapeur.

한식에 쓰이는 양념
APPRENDRE AVANT DE CUISINER : CONDIMENTS CORÉENS DE BASE

간장 [ganjang]
sauce soja

된장 [doenjang]
doenjang (pâte de soja)

고추장 [gochujang]
gochujang (pâte de piment rouge)

참기름 [chamgireum]
huile de sésame

들기름 [deulgireum]
huile de périlla

깨 [kkae]
graines de sésame

고춧가루 [gochutgaru]
poudre de piment rouge

새우젓 [saeujeot]
crevettes en saumure

✦ **Les différentes utilisations des différents types de sauce soja**

- Sauce soja coréenne : soupes, légumes assaisonnés, etc.
- Sauce soja brassée : plats braisés, sautés, etc.
- Sauce soja foncée : *bulgogi*, *galbi*, etc.

청양고추 [cheongyanggochu]
piment de Cheongyang

대파 [daepa]
ciboule

마늘 [maneul]
ail

한국의 대표 김치

LE KIMCHI, UN PLAT REPRÉSENTATIF DE LA CORÉE

Quand on pense à la Corée, le premier plat traditionnel qui vienne à l'esprit c'est le *kimchi*, ce plat fermenté et épicé représentatif du goût coréen. Quand on parle de *kimchi*, on pense généralement au *baechukimchi*, le *kimchi* de chou chinois, mais le *kimchi* est en fait plutôt une technique unique de fermentation des aliments consistant à mettre en saumure des légumes dans du sel – du radis blanc chinois, des concombres et d'autres légumes – en y ajoutant divers assaisonnements (à commencer par de la poudre de piment rouge) qui serviront à faire fermenter le mélange. Le *kimchi* peut ainsi être préparé avec toutes sortes de variétés de légumes comme ingrédient principal, ce qui donne le *baechukimchi*, le *kkakdugi* (*kimchi* de radis en dés), le *oisobagi* (*kimchi* au concombre), le *yeolmukimchi* (*kimchi* de jeunes pousses de radis), le *chonggak-kimchi* (*kimchi* de radis entier), le *gatkimchi* (*kimchi* à la feuille de moutarde) et le *nabak-kimchi* (bouillon froid de *kimchi*), chacun pouvant se présenter sous des formes très diverses.

배추김치 [baechugimchi]

Le *baechukimchi* est ce qui vient généralement à l'esprit quand quelqu'un parle de *kimchi*. Une tête entière de chou chinois est coupée en deux ou en quartiers, marinée dans de l'eau salée, puis une garniture faite de radis râpé et de divers assaisonnements est fourrée entre les feuilles avant que le chou ne soit mis dans un récipient et laissé en saumure. Lorsque le *baechukimchi* est placé en saumure en entier plutôt que coupé en deux, on l'appelle *pogi kimchi* soit littéralement « tête de kimchi ». Le *pogi kimchi* est généralement fabriqué pendant le *gimjang*, la préparation du *kimchi* en vue de l'hiver, pour sa longue durée de conservation.

깍두기 [kkakttugi]

Le *kimchi* se fabrique avec des radis en cubes, marinés dans du sel et mélangés à de la poudre de piment rouge et à d'autres assaisonnements.

오이소박이 [oisobagi]

Le *kimchi* se prépare généralement au printemps ou en été avec des concombres finement coupés et marinés dans du sel auxquels s'ajoutent des morceaux de poireaux assaisonnés.

총각김치 [chonggak-kkimchi]

Le radis entier, y compris les feuilles, est utilisé pour ce *kimchi*, qui est fabriqué en coupant le radis dans le sens de la longueur et en le faisant mariner dans du sel auquel on ajoute divers assaisonnements.

한식 요리의 시작, 밥 짓기

LA PREMIÈRE ÉTAPE DE LA CUISINE CORÉENNE, FAIRE DU RIZ CUIT À LA VAPEUR

Le riz cuit, appelé *bap*, est un élément essentiel de la cuisine coréenne. Il est cuit avec un ratio de deux volumes d'eau pour un volume de riz, après avoir été lavé au moins trois fois. Il est important de contrôler la température lors de la cuisson pour éviter d'obtenir une préparation trop liquide. Traditionnellement, les Coréens utilisent du riz blanc, mais on peut également y ajouter des haricots blancs ou rouges, de l'orge ou du riz noir. Les cuiseurs à riz électriques, appelés *bapsot*, facilitent la préparation du riz coréen en permettant d'ajouter la bonne quantité d'eau selon les indications de la machine.

INGRÉDIENTS

2-3인분 Pour 2-3 personnes

2 verres doseurs de riz (non gluant)

2 ¼ verres doseurs d'eau

PRÉPARATION

1

Lors de la cuisson du riz, l'eau augmentera le volume de riz sec de 1,2 fois (ou augmentera le poids de 1,5 fois). Pour le riz déjà trempé, de l'eau peut être ajoutée dans un rapport de 1/ 1.

2

Lorsque vous utilisez un cuiseur à riz électrique, suivez les étapes 1 à 3, puis faites cuire le riz conformément aux instructions du cuiseur.

RECETTE

1 Mettez le riz dans un bol et, après avoir versé une quantité suffisante d'eau sur le riz, remuez rapidement, puis égouttez immédiatement l'eau. Remuez énergiquement en faisant une rotation pour que le frottement des grains permette d'éliminer les impuretés à la surface du riz. Répétez cette opération 3 ou 4 fois jusqu'à ce que l'eau soit claire, puis égouttez.

2 Ajoutez suffisamment d'eau pour submerger complètement le riz. En été, laissez tremper 30 minutes; en hiver, laissez tremper 2 heures.

3 Versez le riz dans une casserole de riz (ou une casserole ordinaire), ajoutez la bonne quantité d'eau, puis faites bouillir à feu vif. Lorsque l'eau commence à bouillir, réduire à feu moyen et laisser bouillir pendant encore 4-5 minutes, en vous assurant qu'elle ne déborde pas.

4 Réduisez de feu moyen à feu doux et cuire à la vapeur pendant 10-15 minutes jusqu'à ce que le niveau de l'eau du riz diminue.

5 Éteignez le feu, laissez reposer 5 minutes avec le couvercle, puis mélangez le riz avec une spatule à riz.

Recettes coréennes

Kimchi

Riz

Œufs • Tofu

Viande

Fruits de mer

Divers

김치찌개

Le ragoût de Kimchi

Vidéo 001

• KIMCHIJJIGAE •

Le *kimchijjigae* est un ragoût à base de *kimchi* mûr et aigre. C'est l'un des plats d'accompagnement les plus courants d'un repas coréen. À l'origine, il était préparé comme ragoût au printemps avec le *kimchi*, fermenté en hiver, qui devenait mou, mais avec l'amélioration des techniques de stockage, c'est devenu un plat saisonnier. Il peut être préparé avec du porc, du bœuf, des anchois, du thon et d'autres ingrédients.

재료 INGRÉDIENTS

2-3인분 Pour 2-3 personnes

돼지고기 150g
150 grammes de porc

배추김치 300g
300 grammes de *baechukimchi*

대파 20g
20 grammes de ciboule

육수 또는 물 3컵
3 verres doseurs de bouillon de viande ou d'eau

김치 국물 1/2컵
1/2 verre doseur de jus de *kimchi* (qui vient du chou)

다진 마늘 1큰술 (15g)
1 cuillère à soupe (15 grammes) d'ail écrasé

식용유 1큰술
1 cuillère à soupe d'huile de cuisson

Conseils

* Vous pouvez substituer du thon en boîte au porc ou des anchois, selon vos préférences.

* Si vous préférez un bouillon comme base du ragoût (eau de riz, bouillon d'anchois ou encore bouillon d'os de bœuf) au lieu de l'eau, le goût de la soupe deviendra plus fort. L'eau de riz est l'eau trouble qui se forme après le lavage du riz et qui est parfois utilisée comme bouillon dans la cuisine coréenne.

* Le *kimchi* aigre fait référence au *kimchi* qui a été conservé à une température trop élevée ou pendant une trop longue période de sorte qu'il a trop fermenté et a un goût aigre.

준비 PRÉPARATION

- 찌개에 들어가는 돼지고기는 목살처럼 살과 지방이 같이 있는 부위로 준비한다.
  Préparez une tranche d'épaule de porc désossée qui contient de la viande et du gras à mettre dans le ragoût.

요리 RECETTE

1

2

3

4

5

6

1 돼지고기는 두께 0.5cm 정도 크기로 썰고, 대파는 두께 0.5cm로 어슷썰기 한다.
Coupez le porc et la ciboule en petits morceaux d'un demi-centimètre d'épaisseur.

2 배추김치는 신김치로 준비하고, 포기김치의 경우는 3cm 정도로 썰어서 사용한다. 이미 썰어져 있는 막김치는 그대로 사용하면 된다.
Préparez des *baechukimchi* aigres et, si vous utilisez une tête entière de *kimchi*, coupez-la en morceaux de 3 cm. Le *kimchi* prédécoupé acheté sous vide peut être utilisé tel quel.

3 냄비에 식용유를 두르고 돼지고기를 2분 정도 볶다가 김치를 넣고 3–4분 정도 더 볶는다.
Ajoutez l'huile de cuisson dans une petite marmite ou un fait-tout de taille moyenne et saisissez le porc pendant environ 2 minutes dans l'huile très chaude, puis ajoutez le *kimchi* et continuez à faire revenir la viande pendant 3-4 minutes supplémentaires.

4 돼지고기와 김치를 볶던 냄비에 물 3컵과 김치 국물 1/2컵을 넣고 같이 끓인다.
Ajoutez 3 verres doseurs d'eau et 1/2 verre doseur de jus de *kimchi* dans le fait-tout dans lequel le porc et le *kimchi* ont été préalablement saisis, et faites bouillir le tout.

5 센 불에서 끓이다가 국물이 한번 끓어 오르면 약불로 줄여 20분 이상 더 끓인다. 기호에 따라 소금이나 김치 국물로 간을 조절한다.
Faites bouillir à feu vif et une fois que la soupe bout, réduisez à feu doux et faites bouillir pendant 20 minutes supplémentaires. Goûtez et ajustez le goût du ragoût avec du sel ou du jus de *kimchi* à votre convenance.

6 찌개의 김치가 원하는 정도로 무르면 대파와 다진 마늘을 넣고 2분 정도 더 끓여 마무리한다.
Faites bouillir jusqu'à ce que le *kimchi* soit tendre puis ajoutez la ciboule et l'ail écrasé et terminez la cuisson en faisant bouillir pendant 2 minutes supplémentaires.

Vocabulaire

Audio 001

재료 INGRÉDIENTS

배추김치 [baechugimchi]
baechukimchi

note
Le *baechukimchi* est la variété la plus typique de *kimchi* et quand les gens disent « kimchi », ils font généralement référence au chou chinois le *baechukimchi*.

목살 [mokssal]
épaule de porc

note
Comparée à la poitrine de porc, cette partie du porc a moins de gras et plus de viande, et est souvent utilisée comme base du bouillon dans le *kimchijjigae*, le ragoût de *kimchi* et le *kimchijjim*, le *kimchi* braisé, etc.

Audio 002

요리 RECETTE

Forme infinitive	Signification		Exemples
썰다 [sseolda]	couper, trancher	➡	• 파와 양파를 **써세요.** Tranchez les ciboules et les oignons. • 포기김치를 **썰어서** 사용하세요. Coupez la tête du *kimchi* et utilisez-la pour la soupe.
끓이다 [kkeurida]	bouillir	➡	• 다시마를 넣고 육수를 **끓이세요.** Ajoutez de l'algue *dashima* sèche et faites bouillir le bouillon. • 센 불에서 **끓이다가** 약불로 줄이세요. Faites bouillir à feu vif, puis réduisez à feu doux.
무르다 [mureuda]	attendrir, amollir	➡	• 돼지고기가 **물렀어요.** Le porc s'est attendri. • 김치가 **무르면** 파를 넣으세요. Une fois le *kimchi* ramolli, ajoutez les ciboules.

Parlons coréen !

안녕하세요?

Audio 003

A 안녕하세요? 잘 지냈어요? Bonjour. Vous allez bien ?

B 네, 잘 지냈어요. Oui, je vais bien.

안녕하세요 ? Littéralement « Êtes-vous en paix ? » est une salutation sans formalité qui peut être utilisée lorsque vous rencontrez quelqu'un, quelle que soit l'heure de la journée ou votre familiarité avec cette personne. En comparaison, 안녕하십니까 ? est une salutation polie, et vous pouvez utiliser 안녕 avec des amis ou ceux qui sont de rang inférieur à vous.

Exercice

A **안녕하십니까? / 안녕?** Bonjour.

B **안녕하십니까? / 안녕?** Bonjour.

김치찌개입니다.

Audio 004

A 이게 김치찌개입니까? Est-ce du *kimchijjigae* ? (formel)

B 네, 김치찌개입니다. Oui, c'est du *kimchijjigae*. (formel)

입니다, prononcé *imnida*, est l'équivalent du verbe « être » à la forme honorifique. On l'utilise selon la syntaxe suivante « Nom + 입니다 » avec des objets, le nom d'une personne ou une nationalité, etc. 입니까 ? est la forme interrogative. 이게 est une forme abrégée de 이것 et signifie « ceci », littéralement « cette chose ».

Exercice

A **배추김치입니까?** Est-ce du *baechukimchi* ?

한국 사람 | 김민호

B **네, 배추김치입니다.** Oui, c'est du *baechukimchi*.

한국 사람 | 김민호

김치볶음밥
Kimchi-bokkeumbap

Vidéo 002

• KIMCHI-BOKKEUMBAP •

Le *kimchi-bokkeumbap* est un plat de riz sauté préparé avec du *kimchi* tranché ou additionné de jambon ou de saucisse. Le kimchi-bokkeumbap est un plat qui a vu le jour avec l'introduction de la poêle à frire en Corée. C'est un excellent moyen de préparer un délicieux repas en un seul bol avec seulement du *kimchi* et du riz. Le *kimchi-bokkeumbap* est généralement préparé avec du *baechukimchi*, mais de nos jours, il l'est également avec du *kkakdugi* coupé en morceaux et garni d'un œuf au plat, de fromage et d'autres ingrédients.

재료 INGRÉDIENTS

2인분 Pour 2 personnes

배추김치 300g
300 grammes de *baechukimchi*

밥 2공기 (400g)
2 bols (400 grammes) de riz cuit à la vapeur

소시지 120g
120 grammes de saucisse viennoise

달걀 2개
2 œufs

김치 국물 3큰술
3 cuillères à soupe de jus de *kimchi*

식용유 2큰술
2 cuillères à soupe d'huile de cuisson

준비 PRÉPARATION

- 밥은 따뜻하거나 차갑거나 상관없으며, 즉석밥을 이용할 경우는 전자레인지 등을 활용하여 미리 조리해 둔다.
  Le riz peut être utilisé chaud ou froid, et si vous utilisez du riz instantané, réchauffez-le au préalable au micro-ondes.

요리 RECETTE

1. 김치는 1×1.5cm 정도의 크기로 자르고, 햄이나 소시지는 얇게 김치 크기와 비슷하게 자른다.
   Coupez le *kimchi* en morceaux de 1 cm sur 1,5 cm et coupez le jambon ou la saucisse en morceaux de la même taille que le *kimchi*.
2. 팬을 달구어 중불로 줄이고 식용유를 두르고, 햄 또는 소시지를 먼저 볶는다.
   Préchauffez la poêle et réduisez à feu moyen, enduisez la poêle d'huile de cuisson et faites d'abord revenir le jambon ou la saucisse.
3. 소시지가 절반 정도 익었을 때 김치를 넣고 중간 불에서 2분 정도 볶는다.
   Lorsque la saucisse est à moitié cuite, ajoutez le *kimchi* et faites revenir à feu moyen pendant 2 minutes.
4. 김치가 완전히 익으면 밥을 넣고 뭉치지 않도록 섞어가며 볶는다. 부족한 간은 김치 국물이나 소금, 간장을 활용하여 기호에 맞게 조절한다.
   Lorsque le *kimchi* est complètement cuit, ajoutez le riz et faites revenir le mélange afin qu'il ne colle pas. Goûtez le mélange et ajustez le goût en utilisant du jus de *kimchi*, du sel ou de la sauce soja en fonction de vos préférences.
5. 노른자가 살짝 익을 정도의 반숙 달걀 프라이를 만든다.
   Faites frire un œuf sur le plat en cuisant légèrement le jaune sans le retourner pour qu'il reste coulant.
6. 볶음밥이 완성되면 그릇에 담고 달걀 프라이를 밥 위에 얹어 곁들인다.
   Lorsque le *bokkeumbap* est terminé, disposez-le dans un bol et garnissez avec l'œuf au plat.

Conseils

* Il vaut mieux utiliser du *kimchi* aigre pour obtenir un résultat optimal. Le *kimchi* devient aigre après 1-2 jours à température ambiante. Si vous utilisez du *kimchi* doux votre plat sera moins fort en goût.

* Si vous utilisez du *kkakdugi* au lieu de *baechukimchi*, vous devez couper le *kkakdugi* bien fermenté en petits morceaux afin de le faire revenir avec le riz pour un meilleur goût.

Vocabulaire

재료 INGRÉDIENTS

Audio 005

밥 [bap]
riz cuit

note
Le riz constitue la base du repas coréen, auquel s'ajoutent la soupe et les plats d'accompagnement, les *banchan*.

깍두기 [kkakttugi]
kkakdugi

note
C'est un *kimchi* de radis qui accompagne bien la *seolleongtang* (soupe d'os de bœuf) et la *galbitang* (soupe de côtes de bœuf).

요리 RECETTE

Audio 006

Forme infinitive	Signification	Exemples
볶다 [boktta]	faire revenir	• 소시지를 **볶다가** 김치를 넣으세요. Faites revenir la saucisse, puis ajoutez le *kimchi*. • 김치가 익으면 밥을 넣고 **볶으세요.** Lorsque le *kimchi* est cuit, ajoutez le riz et faites-le revenir.
달구다 [dalguda]	préchauffer	• 먼저 프라이팬을 **달구세요.** Préchauffez d'abord la poêle. • 팬이 **달궈지면** 기름을 넣으세요. Lorsque la poêle est préchauffée, ajoutez l'huile.
담다 [damtta]	mettre, disposer	• 김치볶음밥을 그릇에 **담아요.** Mettez le *kimchi-bokkeumbap* dans une assiette. • 반찬을 접시에 **담아** 주세요. Disposez les plats d'accompagnement sur une assiette.

Parlons coréen !

김치찌개가 아닙니다.

Audio 007

A 이게 김치찌개입니까? Est-ce du *kimchijjigae* ?

B 아니요, 김치찌개가 아닙니다. Non, ce n'est pas du *kimchijjigae*.

김치볶음밥입니다. C'est du *kimchi-bokkeumbap*.

Le 가, prononcé *ga*, ajouté après 김치찌개 est le marqueur grammatical du sujet. Lorsque le mot se termine par une consonne, on ajoute le marqueur sujet 이, et quand il se termine par une voyelle, on ajoute le marqueur sujet 가
« N + 이/가 아닙니다 » exprime le sens négatif de « N + 입니다 ».

Consonne finale O + 이: 갈비탕이 찜닭이

Consonne finale X + 가: 김치가 깍두기가

Exercice

A 이게 김치볶음밥입니까? Est-ce du *kimchi-bokkeumbap* ?

갈비탕 | 찜닭 | 김치 | 깍두기

B 아니요, 김치볶음밥이 아닙니다. Non, ce n'est pas du *kimchi-bokkeumbap*.

갈비탕이 | 찜닭이 | 김치가 | 깍두기가

그게 김치입니다.

Audio 008

A 이게 김치입니까? Est-ce du *kimchi* ?

B 네, 그게 김치입니다. Oui, c'est du *kimchi*.

이게 *igé*, 그게 *keugé* et 저게 *jeogé* sont les formes abrégées de 이것이, 그것이 et 저것이, qui sont 이것, 그것 et 저것 avec le marqueur de sujet 이 ajouté. On utilise 이것 pour indiquer un élément proche du locuteur, 그것 pour un objet proche de l'auditeur et 저것 pour un objet éloigné des deux locuteurs. C'est l'équivalent du déterminant démonstratif en français.

Exercice

A 이게 불고기입니까? Est-ce du *bulgogi* ?

그게 | 저게

B 네, 그게 불고기입니다. Oui, c'est du *bulgogi*.

이게 | 저게

김치전
Kimchijeon

Vidéo 003

• KIMCHIJEON •

La *kimchijeon* est une sorte de crêpe, faite en roulant du *kimchi* dans une pâte à base de farine, que l'on fait frire à la poêle jusqu'à ce qu'elle croustille. Avec le *kimchijjigae* et *kimchibokkeumbap*, c'est un des plats typiques à base de *kimchi*. Souvent consommé comme en-cas, il est également populaire comme plat d'accompagnement ou servi avec une boisson alcoolisée. Vous pouvez aussi y ajouter des fruits de mer tels que calamars ou crevettes, ou d'autres ingrédients qui se marient bien avec le *kimchi*, comme du jambon ou des saucisses.

재료 INGRÉDIENTS

2-3인분 Pour 2-3 personnes

배추김치 300g
300 grammes de *baechukimchi*

밀가루 3컵
3 verres doseurs de farine

물 $2\frac{1}{2}$컵
2 et ½ verres doseurs d'eau

김치 국물 1/2컵
1/2 verre doseur de jus de *kimchi*

햄 또는 소시지 100g
100 grammes de jambon
ou de saucisse viennoise

식용유 1/2컵
1/2 verre doseur d'huile de cuisson

준비 PRÉPARATION

- 햄 대신 소시지를 넣어도 되며 얇게 썰어야 한다. 소시지나 햄의 짠맛이 너무 강할 경우에는 끓는 물에 한 번 데쳐서 사용한다.
  Vous pouvez utiliser de la saucisse viennoise pour remplacer le jambon en veillant à la couper finement. Si le goût salé de la saucisse ou du jambon est trop fort, les blanchir dans de l'eau bouillante avant de les utiliser.

요리 RECETTE

1. 배추김치는 1×1.5cm 정도 크기로 썬다. 소시지나 햄은 김치와 비슷한 크기로 얇게 썬다.
   Coupez le *baechukimchi* en morceaux de 1 cm sur 1,5 cm et coupez le jambon ou la saucisse en morceaux de la même taille que le *kimchi*.

2. 볼에 밀가루와 물, 김치 국물을 넣고 밀가루가 보이지 않게 섞는다.
   Mettez la farine, l'eau et le jus de *kimchi* dans un saladier et mélangez jusqu'à ce que le mélange devienne homogène.

3. 밀가루 반죽에 김치와 소시지나 햄을 넣는다. 팬을 달구어 중약불로 줄인다.
   Ajoutez le *kimchi* et la saucisse ou le jambon à la pâte à crêpes. Préchauffez une poêle à feu vif puis réduisez le feu à moyen-doux au moment de cuire.

4. 팬에 식용유를 1큰술 정도 두르고 팬의 크기에 따라 반죽을 한 국자쯤 넣어 얇게 편다.
   Enduisez la poêle d'environ 1 cuillère à soupe d'huile de cuisson, ajoutez environ 1 louche de pâte en fonction de la taille de la poêle et étalez-la finement.

5. 윗부분이 절반 정도 익으면 뒤집는다.
   Retournez la crêpe lorsque la partie supérieure est environ à moitié cuite.

6. 타지 않도록 여러 번 뒤집으며 앞뒤로 노릇노릇하게 지진다.
   Retournez plusieurs fois la crêpe pour éviter de la brûler jusqu'à ce que le dessus et le dessous soient dorés.

CONSEILS

* Préférez du *kimchi* aigre pour obtenir une saveur plus profonde en bouche.

Vocabulaire

재료 INGRÉDIENTS

Audio 009

밀가루 [milkkaru]
farine

note
De la farine ordinaire est généralement utilisée pour faire des *kimchijeon*.

식용유 [sigyongnyu]
huile de cuisson

note
En France, il existe deux types d'huiles alimentaires : celles utilisées pour les plats froids comme la vinaigrette, et celles pour la cuisson, tandis qu'en cuisine coréenne, l'huile de cuisson désigne généralement l'huile de soja, de pépins de raisin, de maïs ou d'olive.

요리 RECETTE

Audio 010

Forme infinitive	Signification		Exemples
넣다 [néota]	ajouter	➡	• 반죽에 소시지와 김치를 **넣으세요.** Ajoutez la saucisse et le *kimchi* à la pâte. • 국물을 **넣고** 골고루 섞으세요. Ajoutez le bouillon et mélangez uniformément.
섞다 [seoktta]	mélanger	➡	• 밀가루를 넣고 **섞어서** 반죽을 만드세요. Ajoutez la farine et mélangez pour faire la pâte. • 반죽이 뭉치지 않게 **섞으세요.** Mélangez pour que la pâte ne colle pas.
지지다 [jijida]	frire	➡	• 앞뒤로 노릇하게 **지지세요.** Faites frire les deux faces de la crêpe jusqu'à ce qu'elles soient dorées. • 두부를 기름에 **지지면** 맛있어요. Si vous faites frire du tofu dans de l'huile, il aura bon goût.

Parlons coréen !

밀가루예요.

Audio 011

A 이거 밀가루예요? Est-ce que c'est de la farine ?

B 네, 밀가루예요. Oui, c'est de la farine.

예요 *yéyo* est l'équivalent du verbe « être » à la forme neutre polie. On l'ajoute après un nom qui se termine par une voyelle. Quand on ajoute un point d'interrogation « ? » après 예요, il prend une modalité interrogative, et quand on ajoute un point « . » il prend une modalité déclarative.

Consonne finale X + 예요:	밀가루예요	식용유예요	김치예요
	C'est de la farine.	C'est de l'huile de cuisson.	C'est du *kimchi*.

Exercice

A **저게 식용유예요?** Est-ce que c'est de l'huile de cuisson ?

김치 | 갈비

B **네, 식용유예요.** Oui, c'est de l'huile de cuisson.

김치 | 갈비

김치전이에요.

Audio 012

A 이거 피자예요? Est-ce que c'est une pizza ?

B 아니요, 김치전이에요. Non, c'est une *kimchijeon*.

Comme 예요, 이에요 *iéyo* signifie « être ». On l'ajoute après un nom qui se termine par une consonne. Quand on ajoute un point d'interrogation « ? » après 이에요, il prend une modalité interrogative, et quand on ajoute un point « . » il prend une modalité déclarative.

Consonne finale O + 이에요: 김밥이에요 갈비찜이에요

Exercice

A **그게 김밥이에요?** Est-ce que c'est du *gimbap* ?

갈비찜 | 해물파전

B **네, 김밥이에요.** Oui, c'est du *gimbap*.

갈비찜 | 해물파전

김치찜
Kimchijjim

Vidéo 004

• KIMCHIJJIM •

Le *kimchijjim* est un plat à la vapeur préparé en faisant mijoter d'épaisses tranches de porc dans un bouillon de *kimchi* vieilli ou aigre. Le *kimchi* et le porc étant cuits longtemps à feu doux, ils deviennent très tendres, réhaussant ainsi la saveur du bouillon. Les ingrédients sont presque les mêmes que pour le *kimchijjigae* au porc, mais comportant plus de porc que le *kimchijjigae*, il fait partie des plats principaux.

재료 INGRÉDIENTS

2-3인분 Pour 2-3 personnes

배추김치 550g
550 grammes de *baechukimchi*

돼지고기 (목살) 450g
450 grammes de porc (épaule de porc)

양파 1/2개
1/2 oignon

대파 1/2대
1/2 ciboule

청양고추 1개
1 piment de Cheongyang

설탕 1/2큰술
1/2 cuillère à soupe de sucre

간장 1큰술
1 cuillère à soupe de sauce soja

다진 마늘 1큰술
1 cuillère à soupe d'ail écrasé

고춧가루 1큰술
1 cuillère à soupe de poudre de piment

육수 4컵
4 verres doseurs de bouillon

Conseils

* Le piment de Cheongyang peut être omis si vous le souhaitez.

* Il faut utiliser du *kimchi* vieilli ou aigre pour le *kimchijjim*. Préparez une tête de *kimchi* qui n'a pas été coupée en petits morceaux.

* Le *mugeunji* (« kimchi vieilli ») fait référence au *kimchi* du *gimjang* qui a fermenté plus longtemps que le *kimchi* aigre.

준비 PRÉPARATION

- 육수는 다시마와 멸치를 넣고 국물이 끓으면 약불로 20분 이상 끓여 준비한다.
  Préparez le bouillon en ajoutant de l'algue *dashima* et des anchois, et une fois qu'il arrive à ébullition, continuez à faire bouillir à feu doux pendant au moins 20 minutes.
- 돼지고기는 어떤 부위든 괜찮지만, 지방이 조금 섞여 있어야 고기가 잘 무른다.
  N'importe quelle partie du porc peut convenir pour cette recette à condition que la viande contienne assez de gras pour qu'elle s'attendrisse bien.

요리 RECETTE

1 돼지고기는 두툼하게 큰 덩어리로 썰고, 김치는 세로로 2등분 한다.
Coupez le porc en gros morceaux épais et coupez le *kimchi* en 2 moitiés.

2 양파는 굵게 채 썰고, 대파와 청양고추는 어슷하게 썬다.
Coupez grossièrement l'oignon en morceaux épais et tranchez la ciboule et le piment de Cheongyang en sifflet (de manière oblique).

3 냄비에 김치를 반으로 나누어 김치 – 돼지고기 – 김치의 순서로 포개서 넣고, 양파와 청양고추도 넣는다.
Divisez le *kimchi* en deux et dans votre fait-tout disposez des couches d'ingrédients en suivant l'ordre *kimchi*-porc-*kimchi*, puis ajoutez l'oignon et le piment de Cheongyang.

4 육수를 넣고 설탕, 간장, 다진 마늘, 고춧가루를 모두 넣고 잘 섞어 준다.
Ajoutez le bouillon, puis ajoutez le sucre, la sauce soja, l'ail écrasé et la poudre de piment et mélangez bien le tout.

5 센 불로 끓이다가 국물이 끓으면 중약불로 줄여 1시간 정도 고기와 김치가 완전히 무를 때까지 끓인다.
Faites bouillir à feu vif, et une fois que la préparation bout, réduisez à feu moyen-doux et continuez à faire bouillir pendant environ une heure jusqu'à ce que la viande et le *kimchi* soient complètement tendres.

6 마지막으로 김치와 고기가 무르면 대파를 넣고 기호에 따라 소금으로 간을 더하여 5분 정도 더 끓여 완성한다.
Enfin, lorsque le *kimchi* et la viande ont ramolli, ajoutez la ciboule, salez à votre convenance pour en améliorer le goût, et laissez bouillir pendant 5 minutes supplémentaires.

Vocabulaire

재료 INGRÉDIENTS

Audio 013

청양고추 [cheongyang-gochu]
piment de Cheongyang

note
Les piments de Cheongyang ont un goût épicé très fort. Ils sont généralement coupés à l'oblique et utilisés pour épicer davantage un plat.

마늘 [maneul]
ail

note
L'ail est une plante très appréciée des Coréens qui l'utilisent comme condiment dans presque tous leurs plats. Lorsqu'il est cru, il offre un parfum et un goût très puissants, c'est pourquoi il est souvent cuit ou mariné pour atténuer son goût épicé.

요리 RECETTE

Audio 014

Forme infinitive	Signification		Exemples
굵다 [guktta]	épais, gros	➡	• 감자가 아주 **굵어요.** Les pommes de terre sont très grosses. • 양파는 **굵게** 채 썬다. Coupez grossièrement l'oignon.
켜다 [kyeoda]	allumer	➡	• 가스레인지에 불을 **켜세요.** Allumez le feu de la gazinière. • 불을 **켜고** 끓이세요. Allumez le feu et faites bouillir.
줄이다 [jurida]	réduire	➡	• 불을 **줄이고** 약불에서 2분 끓이세요. Réduisez le feu et laissez bouillir pendant 2 minutes à feu doux. • 매우면 고춧가루 양을 **줄이세요.** Si c'est épicé, réduisez la quantité de poudre de piment.

Parlons coréen !

이 음식은 김치찜이에요.

Audio 015

A 이 음식 이름이 뭐예요? Quel est le nom de ce plat ?

B 이 음식은 김치찜이에요. Ce plat s'appelle le *kimchijjim*.

은/는 est une particule grammaticale thématique qui indique le thème de la phrase. Si le mot se termine par une consonne, on utilise 은, et s'il se termine par une voyelle, on utilise 는. Attention, en coréen thème et sujet peuvent être différents ! Si 은/는 marque un mot qui est à la fois thème et sujet, il remplace le marqueur de sujet 이/가.

Exemple en traduction littérale :

A 이 음식 이름이 뭐예요? Quel est le nom de ce plat ?

B 이 음식은 김치찜이에요. Quant à ce plat, il s'appelle le *kimchijjim*.

Consonne finale O + 은: 마늘은 이름은
Consonne finale X + 는: 돼지고기는 청양고추는

Exercice

- **돼지고기는 크게 썹니다.** Coupez le porc en gros morceaux.
- **청양고추는 어슷하게 썹니다.** Tranchez le piment de Cheongyang à l'oblique.
- **마늘은 다집니다.** Écrasez l'ail.
- **음식 이름은 김치찜입니다.** Ce plat s'appelle du *kimchijjim*.

오늘 메뉴가 뭐예요?

Audio 016

A 오늘 메뉴가 뭐예요? Qu'y a-t-il au menu aujourd'hui ?

B 김치전이에요. Une *kimchijeon*.

Le pronom interrogatif 뭐 dans 뭐예요 ? signifie « quoi », ce qui fait que 뭐예요 ? signifie « qu'est-ce que… ? ».

Exercice

A **이 음식이 뭐예요?** Quel est ce plat ?

B **김치찜이에요.** C'est du *kimchijjim*.

불고기 | 삼계탕

배추김치

Baechukimchi

Vidéo 005

◆ BAECHUKIMCHI ◆

Aliment fermenté que l'on prépare en salant du chou chinois et en le farcissant avec une garniture à base de poudre de piment, de radis, de ciboule, d'ail et de fruits de mer salés, le *baechukimchi* est un met représentatif de la cuisine coréenne et constitue un plat d'accompagnement essentiel des repas coréens. En Corée, il existe une tradition dite du *gimjang*, préparation et stockage de grandes quantités de *kimchi* avant les mois froids de l'hiver.

ÉTAPES DE LA FABRICATION DU BAECHUKIMCHI

SAUMURAGE

CONFECTION

FERMENTATION

절이기 SAUMURAGE

재료 INGRÉDIENTS

배추 1포기 (3kg)
1 tête (3 kilogrammes) de chou chinois

소금 300g
300 grammes de sel

물 2리터
2 litres d'eau

큰 그릇
un grand saladier (assez grand pour contenir une tête de chou)

CONSEILS

* Nous vous recommandons des flocons de sel séché au soleil. Si vous n'en trouvez pas, utilisez du gros sel marin.

* Comme le poids d'une tête de chou chinois varie, prévoyez 100 grammes de sel pour 1 kilogramme de chou.

* Le temps de séchage du chou chinois diffère en fonction de la teneur en eau du chou chinois, de la température de l'air et de la concentration en sel de l'eau. Lorsque vous essayez de plier les tiges du chou chinois, si elles se plient facilement, le chou chinois est bien mariné.

1. 배추는 밑동을 잘라내고 겉잎은 뜯어낸다.
Coupez la base du chou chinois et retirez les feuilles extérieures abimées.

2. 배추 크기에 따라 세로로 2등분 또는 4등분으로 자른다.
Selon la taille du chou chinois, couper verticalement en 2 ou 4.

3. 큰 그릇에 물과 소금 절반을 넣고 완전히 녹인다.
Dans un grand saladier, ajoutez de l'eau et la moitié du sel et attendez la dissolution complète.

4. 자른 배추를 소금물에 골고루 적시고, 줄기 사이사이에 소금을 뿌려 4-5시간쯤 절인다.
Infusez le chou chinois coupé uniformément dans l'eau salée, saupoudrez de sel entre les tiges (le centre blanc des feuilles) et marinez environ 4-5 heures.

5. 30분 정도 간격으로 배추를 뒤집어 준다.
Retournez le chou chinois à intervalles de 30 minutes.

6. 절여진 배추를 찬물에 3번 헹궈 물기를 뺀다.
Rincez le chou chinois mariné 3 fois à l'eau froide et égouttez.

만들기 1 ÉTAPE 1 | 풀 쑤기 LA BOUILLIE DE RIZ

재료 INGRÉDIENTS

찹쌀가루 (또는 밀가루) 3큰술
3 cuillères à soupe de farine de riz gluant (ou farine de blé)

물 2컵
2 verres doseurs d'eau

1 냄비에 찹쌀가루를 넣고 물을 조금씩 넣으며 찹쌀가루가 뭉치지 않게 잘 풀어 준다.
Mettez la farine de riz gluant dans une casserole, ajoutez de l'eau petit à petit et battez bien le mélange pour éviter les grumeaux.

2 약불에서 계속 저어 주며, 5분쯤 지나서 점성이 생기면 불을 끄고 식혀 준다.
Remuez continuellement à feu doux et, après 5 minutes, lorsque le mélange devient visqueux, éteignez le feu et laissez refroidir.

만들기 2 ÉTAPE 2 | 양념 만들기 L'ASSAISONNEMENT

재료 INGRÉDIENTS

양파 1
1 oignon

사과 (또는 배) 1/4개
1/4 de pomme (ou poire)

고춧가루 1½컵
1½ verre doseur de poudre de piment

액젓 1/2컵
1/2 verre doseur de sauce de poisson de type Nuoc-mâm

새우젓 2큰술
2 cuillères à soupe de crevettes en saumure coréenne

설탕 1큰술
1 cuillère à soupe de sucre

마늘 15개
15 gousses d'ail

생강 15g
15 grammes de gingembre

1 믹서기에 큼직하게 자른 사과와 양파 그리고 마늘, 생강, 설탕, 새우젓, 액젓을 모두 넣고 갈아 준다.
Dans un mixeur, ajoutez la pomme et l'oignon grossièrement coupés ainsi que l'ail, le gingembre, le sucre, les crevettes en saumure et la sauce de poisson, et mixez.

2 식혀 놓은 찹쌀 풀과 고춧가루, **1**의 갈아 둔 양념을 골고루 섞어 준다.
Ajoutez la bouillie de riz refroidie de l'étape 1 et l'assaisonnement de l'étape 2 et mélangez uniformément.

> **CONSEILS**
>
> Si vous ne trouvez pas de crevettes en saumure, vous pouvez augmenter la sauce de poisson de 2/3 et ajouter du sel à votre convenance.

만들기 3 ÉTAPE 3 김치소 넣기 LE FOURRAGE DU KIMCHI

재료 INGRÉDIENTS

절인 배추
chou chinois salé

무 600g
600 grammes de radis

쪽파 15개
15 ciboulettes

CONSEILS

* Prévoyez un ratio de 200 grammes de radis pour 1 kilogramme de chou chinois et ajustez selon vos préférences.

* Le goût peut différer en fonction de la façon dont le chou chinois est mariné, n'hésitez donc pas à goûter une tige avec une partie de la garniture avant d'ajouter la garniture à l'ensemble du chou chinois, et ajoutez du sel au fourrage selon vos goûts.

* Si le *kimchi* n'a pas assez de jus, mettez le *kimchi* entier dans un récipient, ajoutez 1 verre doseur d'eau et une pincée de sel dans le saladier dans lequel l'assaisonnement a été mélangé pour faire du jus de *kimchi* avec l'assaisonnement restant et versez-le sur le *kimchi*.

1 무는 4-5cm 크기로 얇게 채썰기 한다.
Coupez finement le radis chinois en morceaux de 4-5 cm.

2 쪽파는 4-5cm 크기로 썰고, 대파를 사용할 때에는 같은 크기로 어슷썰기 한다.
Coupez les ciboulettes en morceaux de 4-5 cm et, si vous utilisez de la ciboule, tranchez-les à l'oblique en morceaux de la même taille.

3 만들어 놓은 양념에 쪽파와 무를 넣고 버무려서 김치소를 만든다.
Ajoutez les ciboulettes et le radis à l'assaisonnement et mélangez pour faire le fourrage du *kimchi*.

4 절인 배추의 줄기 사이사이에 김치소를 바르듯이 넣고 마지막에 겉잎으로 배추 전체를 감싼다.
Ajoutez la garniture au *kimchi* comme si vous l'étaliez entre les tiges du chou chinois mariné, puis terminez en enveloppant tout le chou chinois avec les feuilles extérieures.

숙성하기 LA FERMENTATION

✦ 김치소를 넣은 김치를 안쪽이 위로 향하도록 통에 담고 절인 배추 겉잎으로 덮은 뒤 눌러 준다. 김치는 20℃ 정도의 상온에서 하루 정도 지나면 숙성이 된다. 숙성 후에는 냉장고에 보관한다.
Mettez le *kimchi* avec le fourrage de *kimchi* dans un récipient en disposant la partie avec les feuilles vers le bas, couvrez-le de feuilles de chou chinois marinées et pressez. Puis laissez le *kimchi* mariner à température ambiante d'environ 20 degrés Celsius pendant une journée. Conservez au réfrigérateur après la fermentation.

Vocabulaire

재료 INGRÉDIENTS

Audio 017

배추 [baechu]
chou chinois

note
C'est l'un des 4 principaux légumes de Corée et l'ingrédient principal du *kimchi*. En plus du *kimchi*, il est également utilisé pour faire des plats d'accompagnement de soupes ou de légumes assaisonnés.

고춧가루 [gochutkkaru]
poudre de piment

note
Des piments mûrs sont séchés et broyés en une poudre d'assaisonnement indispensable à la cuisine coréenne. On l'utilise pour faire de la pâte de piment, dans le *kimchi* ou dans divers autres plats coréens.

요리 RECETTE

Audio 018

Forme infinitive	Signification		Exemples
절이다 [jeorida]	fermenter, mettre en saumure	➡	• 배추를 4-5시간 정도 **절이세요.** Fermentez le chou chinois pendant environ 4-5 heures. • 새우젓은 소금에 **절인** 음식이에요. La crevette en saumure est un aliment fermenté dans du sel.
자르다 [jareïda]	couper	➡	• 배추를 **자르세요.** Coupez le chou chinois. • **자른** 감자와 대파를 넣으세요. Ajoutez les pommes de terre coupées et la ciboule.
끄다 [kkeuda]	éteindre	➡	• 5분 후에 불을 **끄고** 식히세요. Après 5 minutes, éteignez le feu et laissez refroidir. • 무와 고기가 익으면 불을 **끄세요.** Une fois que le radis et la viande ont cuit, éteignez le feu.

Parlons coréen !

요리해요.

Audio 019

A 뭐 해요? Qu'est-ce que vous faites ?

B 요리해요. Je cuisine.

Le présent coréen formel utilise trois terminaisons 아요, 어요 et 해요. 해요 est la terminaison au présent du verbe 하다, le verbe « faire », utilisé comme semi-auxiliaire dans de nombreux verbes coréens d'origine chinoise. On peut l'utiliser seul en tant que verbe « faire » ou combiné à des bases chinoises.

해요 ? est sa forme interrogative.

Ex 일해요 공부해요 노래해요

Exercice

A **뭐 해요?** Qu'est-ce que vous faites ?

B **한국어 공부해요.** J'étudie le coréen.

일하다 travailler | 노래하다 chanter | 운동하다 faire du sport

언제 해요?

Audio 020

A 김장은 언제 해요? Quand préparez-vous le *kimchi* d'hiver ?

B 오늘 해요. Je le prépare aujourd'hui.

언제 est un pronom interrogatif qui demande une précision temporelle. On répond à la question « Quand faites-vous … ? » 언제 해요 ? en remplaçant 언제 par le complément de temps adapté.

Ex 내일 해요. 지금 해요. 다음 주에 해요.

Exercice

A **한국에 언제 가요?** Quand allez-vous en Corée ?

B **내일 가요.** J'y vais demain.

지금 maintenant | 다음 주에 la semaine prochaine

떡꼬치

Tteok-kkochi

Vidéo 006

TTEOK-KKOCHI

Le *tteok-kkochi* est une plat de brochettes de *tteokbokkitteok* (gateaux de riz) frites ou grillées dans une poêle avec beaucoup d'huile, et servies avec de la sauce. Contrairement au *tteokbokki*, l'extérieur est croustillant et l'intérieur est fondant. Plein de saveur parce que frit ou grillé dans l'huile, la sauce, mélange de *gochujang* et de ketchup, lui ajoute un goût épicé et aigre-doux à la fois. Avec le *tteokbokki*, c'est un plat de rue populaire, et de nos jours, il est souvent préparé comme en-cas à la maison.

재료 INGRÉDIENTS

2-3인분 Pour 2-3 personnes

떡볶이떡 (가래떡) 250g
250 grammes de *tteokbokkitteok* (ou *garaetteok*)

소시지 5–7개
5-7 saucisses viennoises

나무 꼬치 10개
10 brochettes en bois

식용유
huile de cuisson

Sauce & Marinade

고추장 1/3큰술
1/3 cuillère à soupe de *gochujang*

간장 1큰술
1 cuillère à soupe de sauce soja

설탕 3큰술
3 cuillères à soupe de sucre

케첩 2큰술
2 cuillères à soupe de ketchup

물 50ml
50 millilitres d'eau

준비 PRÉPARATION

- 떡은 냉동 제품을 사용해도 되며, 가래떡은 5–7cm 정도로 잘라서 준비한다.
  Vous pouvez utiliser du *tteok* congelé ou préparer du *garaetteok* en le coupant en morceaux de 5 à 7 cm de long.
- 소시지는 떡과 비슷한 길이로 잘라서 준비한다.
  Préparez la saucisse en la coupant à une taille similaire à celle du *tteok*.

요리 RECETTE

1

2
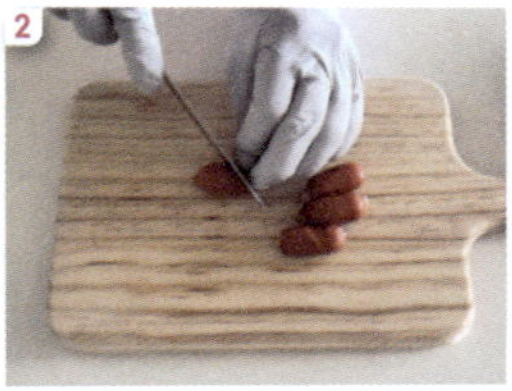
3
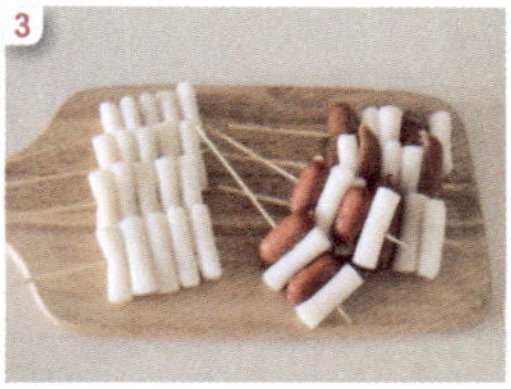
4

5

6

1. 떡이 많이 굳어 있거나 냉동 떡인 경우는 끓는 물에 2–3분 정도 데쳐서 물기를 제거한다.
   Si le *tteok* est dur ou si vous utilisez du *tteok* congelé, blanchissez pendant 2-3 minutes dans de l'eau bouillante, puis égouttez.
2. 소시지는 윗면이나 옆면에 살짝 칼집을 낸다.
   Faites de petites entailles sur le dessus ou le côté de la saucisse.
3. 꼬치에 떡만 꽂거나 떡과 소시지를 번갈아 가면서 꽂는다.
   Enfilez le *tteok* seul ou en alternance avec des saucisses sur les brochettes.
4. 팬이나 작은 냄비에 소스 재료를 모두 넣고 끓기 시작하면 불을 끈다.
   Mettez tous les ingrédients de la sauce dans une poêle à fond large ou une petite casserole et éteignez le feu une fois qu'ils commencent à bouillir.
5. 팬에 기름을 넉넉하게 두르고 꼬치를 노릇하게 구운 뒤 기름을 뺀다. 섭씨 190도에서 1–2분 정도 튀겨도 된다.
   Enduisez généreusement la poêle avec beaucoup d'huile, puis retirez l'huile après avoir fait frire les brochettes jusqu'à ce qu'elles présentent une coloration dorée. Pour plus de précision si vous possédez un thermomètre alimentaire, vous pouvez également faire dorer vos brochettes à exactement 190 degrés Celsius pendant 1-2 minutes.
6. 구운 꼬치에 소스를 골고루 바른다. 땅콩이나 잣 등 견과류가 있으면 작게 다져 위에 뿌려 준다.
   Étalez uniformément la sauce sur les brochettes poêlées. Ajoutez des noix hachées, comme des arachides ou des pignons de pin sur le dessus.

Vocabulaire

재료 INGRÉDIENTS

Audio 021

가래떡 [garaetteok]
garaetteok

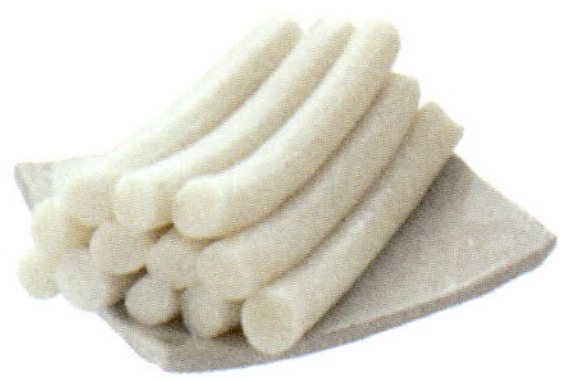

note
Longs bâtonnets de riz cuits à la vapeur et consommés grillés ou coupés à l'oblique et bouillis dans le *tteokguk*, la soupe de gâteaux de riz, le matin de *Seollal*, le Nouvel An lunaire.

설탕 [seoltang]
sucre

note
Contrairement à la France, le sucre n'est pas seulement utilisé pour donner un goût sucré aux aliments, mais aussi pour attendrir la viande avant la cuisson ou pour donner un brillant à certains plats en sauce. On utilise généralement du sucre blanc dans les plats salés, tandis qu'on utilise du sucre brun dans les desserts coréens traditionnels tels que le *yaksik*, le *sujeonggwa*, le *hotteok*, etc.

요리 RECETTE

Audio 022

Forme infinitive	Signification	Exemples
많다 [manta]	beaucoup, très	• 맛있는 음식이 **많아요.** Il y a beaucoup de plats délicieux. • 떡이 **많이** 굳어 있어요. Le *tteok* a beaucoup durci.
있다 [it-tta]	être, avoir	• 땅콩이 **있으면** 뿌리세요. Si vous avez des cacahuètes, saupoudrez-les sur le dessus. • 냉장고에 김치가 **있어요.** Il y a du *kimchi* dans le frigo.
작다 [jaktta]	petit	• 냄비가 너무 **작아요.** La casserole est trop petite. • 땅콩을 **작게** 다지세요. Hachez les cacahuètes en petits morceaux.

Parlons coréen !

떡볶이하고 달라요.

Audio 023

A 이거 떡볶이예요? Est-ce que c'est du *tteokbokki*?

B 아니요, 떡볶이하고 달라요. Non, c'est différent du *tteokbokki*.

하고 est une particule prépositionnelle équivalente à « avec » en français qui introduit un complément circonstanciel de manière. La structure classique pour l'utiliser en coréen est « Nom_1 + 하고 Nom_2 ».

Dans la structure « Nom + 하고 다르다 » la préposition 하고 a un sens différent. Elle fonctionne en paire avec l'adjectif et introduit une comparaison « différent de ». Son antonyme « pareil que » utilise aussi 하고 et est « Nom + 하고 같다 »

Ex 김치찌개하고 달라요.
달걀하고 같아요.

Exercice

- 닭갈비는 닭볶음탕하고 같아요? Est-ce que le *dakgalbi* est pareil au *dakbokkeumtang* ?
- 달걀은 계란하고 같아요. Le *dalgyal* est pareil au *gyeran*.
- 겉절이는 배추김치하고 달라요. Le *geotjeori* est différent du *baechukimchi*.

Faites attention !
Lorsque 다르다 est attaché à une terminaison qui commence par une voyelle, le 르 du radical se transforme en ㄹ르.

정말 맛있네요.

Audio 024

A 소스를 발라서 먹어 보세요. Goûtez après avoir mis de la sauce.

B 네, 정말 맛있네요. Oui, c'est effectivement délicieux.

–네요 est une particule affirmative emphatique qui exprime la surprise ou l'admiration du locuteur. On l'utilise dans la structure « Verbe / Adjectif + –네요 ».

Ex 요리하(다) + 네요 → 요리하네요　　끓(다) + 네요 → 끓네요
맛있(다) + 네요 → 맛있네요　　많(다) + 네요 → 많네요

Exercice

A 떡꼬치 좀 드셔 보세요. Goûtez donc le *tteok-kkochi*.

B 네, 맛있네요. Oui, c'est effectivement délicieux.

크기가 작다 | 양이 많다 | 맵다 | 짜다

떡볶이
Tteokbokki

Vidéo 007

TTEOKBOKKI

Le *tteokbokki* est un plat épicé, préparé en coupant de petits morceaux de *garaetteok* ou en utilisant du *tteokbokkitteok,* et que l'on fait mijoter avec du *gochujang*, de *l'eomuk*, etc. Le *tteok* moelleux est particulièrement délicieux lorsqu'il est trempé dans une sauce sucrée et épicée.
Le *tteokbokki* est un plat de rue typique qui se marie bien avec les fritures et les *sundae*. Le *tteokbokkitteok* peut être fait de riz ou de blé, selon vos préférences.

재료 INGRÉDIENTS

2-3인분 Pour 2-3 personnes

떡볶이떡 400g
400 grammes de gâteaux de riz *tteokbokkitteok*

어묵 2~3장 (160g)
2-3 feuilles (160 grammes) de beignet de poisson *eomuk*

대파 30g
30 grammes de ciboule

고추장 1큰술
1 cuillère à soupe de *gochujang*

간장 1/2큰술
1/2 cuillère à soupe de sauce soja

고춧가루 1/2큰술
1/2 cuillère à soupe de poudre de piment

설탕 1큰술
1 cuillère à soupe de sucre

물 500ml
500 millilitres d'eau

육수 만들기 PRÉPARATION DU BOUILLON

물 600~700ml에 다시마, 국물용 멸치, 대파, 양파 등을 넣고 센 불에 올려 끓어오르면 약불로 줄여 10~15분쯤 끓인다.
Ajoutez de l'algue *dashima*, des anchois pour bouillon en prenant soin de les évider, de la ciboule et de l'oignon blanc dans 600-700 ml d'eau et portez à ébullition à feu vif, puis réduisez à feu à doux et faites bouillir pendant environ 10-15 minutes.

CONSEILS

* Préférez le bouillon coréen d'anchois et d'algue *dashima* à l'eau pour plus de saveur.

* Ajoutez du chou vert et de l'*eomuk* pour enrichir le bouillon. À la fin de la cuisson, vous pouvez ajouter des œufs durs en accompagnement.

준비 PRÉPARATION

- 떡은 기호에 따라 밀떡 또는 쌀떡을 준비하고 물에 헹구어 둔다.
  Préparez des *tteok* à base de blé ou de riz selon vos préférences, rincez-les à l'eau et laissez-les tremper.
- 양배추 등 다른 채소를 더 넣거나, 떡볶이 국물과 튀김 등을 같이 먹으려면 국물을 넉넉하게 넣는다.
  Si vous ajoutez du chou et d'autres légumes ou si vous mangez des légumes frits en accompagnement, préparez une quantité généreuse de bouillon.

요리 RECETTE

1 떡볶이떡은 찬물에 10분 정도 담가 둔다.
Faites tremper le *tteokbokkitteok* dans de l'eau froide pendant 10 minutes.

2 대파는 어슷썰기 하고 어묵은 떡볶이와 비슷한 크기로 썬다.
Tranchez la ciboule à l'oblique et coupez l'*eomuk* en morceaux de taille similaire à celle du *tteok*.

3 깊은 프라이팬이나 냄비에 물이나 육수를 붓고 고추장, 고춧가루, 설탕을 넣고 끓인다.
Versez l'eau ou le bouillon dans une poêle ou une casserole, ajoutez le *gochujang*, la poudre de piment et le sucre, et faites bouillir.

4 국물이 끓으면 떡과 어묵을 넣고 부족한 간은 간장을 추가한다.
Une fois que la sauce bout, ajoutez l'*eomuk* et ajoutez la sauce soja si la sauce est trop sucrée.

5 약불에서 국물의 양이 원하는 정도로 걸쭉하게 졸아들 때까지 끓인다.
Laissez bouillir à feu doux jusqu'à ce que la sauce épaississe et coupez le feu une fois que vous avez la quantité désirée de sauce.

6 국물의 양이 원하는 정도가 되면 대파를 넣고 완성한다.
Une fois que la sauce a épaissi, vous pouvez ajouter la ciboule fraîche et déguster.

Vocabulaire

Audio 025

재료 INGRÉDIENTS

떡볶이떡 [tteokbokkitteok]
tteokbokkitteok

note
Le *tteokbokkitteok* est un *garaetteok* de petite taille qui convient pour le *tteokbokki*. Il peut également être fait de blé au lieu de riz.

다시마 [dasima]
algue *dashima*

note
L'algue *dashima* est souvent utilisée avec les champignons *pyogo* ou du radis pour faire du bouillon pour les soupes, mais elle peut également être consommée frite ou comme *ssam* (légume pour les wraps).

Audio 026

요리 RECETTE

Forme infinitive	Signification		Exemples
맛있다 [masit-tta]/ [madit-tta]	délicieux, avoir bon goût	➡	• 삶은 달걀을 넣어도 **맛있어요.** Pour un bon goût, vous pouvez aussi ajouter des œufs durs. • **맛있는** 음식을 먹고 싶어요. Je voudrais manger de bons plats.
비슷하다 [biseutada]	similaire, ressembler à	➡	• 떡을 크기가 **비슷하게** 써세요. Coupez le *tteok* d'une taille similaire. • 떡꼬치와 떡볶이의 재료는 **비슷해요.** Les ingrédients pour *tteok-kkochi* et *tteokbokki* sont similaires.
넉넉하다 [neongneokada]	abondant, suffisant	➡	• 국물을 **넉넉하게** 넣으세요. Ajoutez généreusement de la sauce. • 5인분을 만들기에 재료는 **넉넉해요.** Ces ingrédients suffisent pour cuisiner pour cinq personnes.

Parlons coréen !

고추장을 넣었어요.

Audio 027

A 고추장을 넣었어요? Vous avez ajouté du *gochujang* ?

B 네, 고추장을 넣었어요. Oui, j'ai ajouté du *gochujang*.

–았 ou –었 sont les terminaisons passées équivalentes au passé composé. Elles expriment une action terminée. En fonction de l'ouverture de la voyelle, on choisit la terminaison en « a » ou en « eo ».

V/A radical avec ㅏ/ㅗ + –았어요: 작(다) + 았어요 → 작았어요
V/A radical avec d'autres voyelles + –었어요: 넣(다) +었어요 → 넣었어요
하다 → 했어요: 요리하(다) → 요리했어요

Exercice

- 달걀을 삶았어요. J'ai fait bouillir les œufs.
- 파를 썰었어요. J'ai coupé la ciboule.
- 재료를 추가했어요. J'ai ajouté les ingrédients.

고추장 때문에 매워요.

Audio 028

A 괜찮아요? Est-ce que ça va ?

B 고추장 때문에 매워요. C'est épicé à cause du *gochujang*.

때문에 est utilisé sous la forme Nom 때문에 pour indiquer qu'une personne ou un objet est la raison ou la cause de quelque chose.

Ex 설탕 때문에 고춧가루 때문에

Exercice

A 맛있어요? C'est bon ?

B 네, 김치 때문에 더 맛있어요. Oui, c'est encore meilleur à cause du *kimchi*.

고춧가루 | 설탕 | 식초

궁중떡볶이

Gungjungtteokbokki

Vidéo 008

◆ GUNGJUNGTTEOKBOKKI ◆

Il s'agit d'un plat frit préparé en coupant le *garaetteok* en petits morceaux, en y ajoutant du bœuf, des champignons *shiitake*, etc. et en l'assaisonnant de sauce soja et d'huile de sésame. Comme il était apprécié traditionnellement par la famille royale, il est appelé *gungjungtteokbokki* (« *tteokbokki* du palais royal »), et aussi *ganjangtteokbokki* car il est préparé avec de la sauce soja à la place du *gochujang*. Il n'est pas épicé et les saveurs du *tteok*, du bœuf et des champignons sautés dans la sauce soja s'harmonisent. De nos jours, on l'apprécie encore plus en y ajoutant des poivrons, des carottes, etc.

재료 INGRÉDIENTS

2-3인분 Pour 2-3 personnes

떡볶이떡 400g
400 grammes de gâteaux de riz *tteokbokkitteok*

소고기 150g
150 grammes de bœuf

표고버섯 2–3개
2-3 champignons *pyogo*

파프리카 1/2개
1/2 poivron

당근 1/4개
1/4 carotte

통깨 1작은술
1 cuillère à café de graines de sésame

Sauce & Marinade

양념 1 SAUCE 1

간장 1큰술
1 cuillère à soupe de sauce soja

참기름 1큰술
1 cuillère à soupe d'huile de sésame

양념 2 SAUCE 2

간장 2큰술
2 cuillères à soupe de sauce soja

참기름 1큰술
1 cuillère à soupe d'huile de sésame

설탕 1큰술
1 cuillère à soupe de sucre

다진 마늘 1작은술
1 cuillère à café d'ail écrasé

후춧가루 조금
une pincée de poivre noir moulu

CONSEILS

* Vous pouvez également utiliser de l'oignon, du poireau et d'autres légumes. Infusez les *pyogos* séchés avant utilisation, et n'hésitez pas à utiliser d'autres variétés de champignons.

준비 PRÉPARATION

- 떡볶이용 떡은 그대로 사용하고 가래떡은 5cm 정도로 자른 뒤 6등분 한다.
  Utilisez le *tteokbokkitteok* tel quel et si vous utilisez du *garaetteok*, coupez-le en morceaux de 5-6 cm et divisez-le en 6.
- 소고기는 다진 고기를 사용해도 된다.
  Vous pouvez également utiliser du bœuf haché.

요리 RECETTE

1 소고기, 표고버섯, 파프리카, 당근은 얇게 적당한 크기로 썬다.
Coupez le bœuf, les champignons *pyogo*, les poivrons et les carottes en morceaux de 5 cm.

2 떡은 말랑한 상태로 양념 1을 넣어 버무린다. 딱딱한 떡은 끓는 물에 1분 정도 데친 후 찬물에 헹궈 물기를 빼고 바로 양념 1에 버무린다.
Ajoutez la sauce 1 au *tteok* ramolli et mélangez. Pour le *tteok* dur, blanchissez pendant environ 1 minute dans de l'eau bouillante, puis rincez à l'eau froide, égouttez et mélangez dans la sauce 1.

3 양념 2를 모두 섞어 양념장을 만들고 양념장의 반만 소고기와 표고버섯에 넣어 버무려 재워 둔다.
Mélangez tous les ingrédients de la sauce 2 pour en faire une marinade, puis ajoutez la moitié au bœuf et aux champignons pyogo, mélangez et laissez reposer.

4 프라이팬에 양념한 소고기, 표고버섯, 당근을 넣고 2분 정도 볶는다.
Ajoutez le bœuf mariné, les champignons *pyogo* et les carottes dans une poêle et faites revenir pendant 2 minutes.

5 떡과 파프리카, 남은 양념을 넣어 1–2분 정도 더 볶는다.
Ajoutez le *tteok*, les poivrons et le reste de la marinade et faites revenir pendant 1-2 minutes supplémentaires.

6 그릇에 담고 통깨를 뿌린다.
Mettez dans un bol et saupoudrez les graines de sésame sur le dessus.

Vocabulaire

재료 INGRÉDIENTS

Audio 029

간장 [ganjang]
sauce soja

note
C'est un assaisonnement de base utilisé pour assaisonner la nourriture coréenne. C'est aussi un aliment fermenté traditionnel avec le *doenjang*, le *gochujang*, le *kimchi*, etc.

느타리버섯 [neutaribeoseot]
pleurote en huître

note
Avec les champignons *pyogo*, les pleurotes sont le type de champignon le plus fréquemment utilisé dans la cuisine coréenne. Ils sont utilisés dans les sautés, les ragoûts, les plats de légumes assaisonnés, etc.

요리 RECETTE

Audio 030

Forme infinitive	Signification	Exemples
헹구다 [hengguda]	rincer ➡	• 떡을 찬물에 **헹구고** 물기를 빼세요. Rincez le *tteok* à l'eau froide et égouttez l'eau. • 삶은 당면을 찬물에 **헹구세요.** Rincez les nouilles de patates douces à l'eau froide.
버무리다 [beomurida]	mélanger, remuer, farcir ➡	• 떡을 간장과 참기름에 **버무리세요.** Mélangez le *tteok* avec de la sauce soja et de l'huile de sésame. • **버무려** 놓은 양념을 배추에 넣으세요. Farcissez le chou chinois de la marinade préalablement mélangée.
재우다 [jaeuda]	mariner ➡	• 소고기를 양념에 **재우세요.** Faites mariner le bœuf dans la sauce. • **재워** 놓은 떡을 프라이팬에 볶으세요. Faites revenir le tteok mariné dans une poêle.

Parlons coréen !

짜요? 싱거워요?

Audio 031

A 맛이 어때요? 짜요? Comment est le goût ? C'est salé ?

B 아니요, 싱거워요. Non, c'est fade.

짜다 et 싱겁다 sont des adjectifs exprimant le goût et qui signifient respectivement « salé » et « fade ». Il existe d'autres mots exprimant le goût, tels que 맵다 « épicé » et 달다 « sucré ».

Exercice

A 맛이 어때요? Comment est le goût ?

B 달아요. C'est sucré.

짜다 | 싱겁다 | 맵다

이건 맵지 않아요.

Audio 032

A 궁중떡볶이도 매워요? Le *gungjungtteokbokki* c'est aussi épicé ?

B 아니요, 이건 맵지 않아요. Non, ce n'est pas épicé.

La structure « V/A + −지 않다 » sert à exprimer la négation. La forme est la même, qu'il y ait ou non une consonne finale.

Ex 맵(다) + −지 않다 → 맵지 않아요
달(다) + −지 않다 → 달지 않아요
짜(다) + −지 않다 → 짜지 않아요

Exercice

A 달아요? C'est sucré ?

짜다 | 싱겁다 | 시다

B 아니요, 달지 않아요. Non, ce n'est pas sucré.

짜다 | 싱겁다 | 시다

Vidéo 009

BIBIMBAP

Le *bibimbap* est un plat de riz garni de divers légumes et viandes et agrémenté de *gochujang* ou de sauce soja. Au lieu de *bibimbap*, on l'appelait autrefois *gol-dong-ban*, ce qui signifie « mélange vertigineux ». Le *bibimbap* est un plat représentatif de la cuisine coréenne, populaire en Corée et à l'étranger. Comme il est laborieux de préparer les légumes assaisonnés, vous pouvez les remplacer par des légumes sautés et du *gochujang*.

재료 INGRÉDIENTS

2인분 Pour 2 personnes

밥 2공기 (400g) 2 bols (400 grammes) de riz cuit à la vapeur
소고기 150g 150 grammes de bœuf
당근 1/3개 1/3 carotte
애호박 1/3개 1/3 de courgette coréenne
표고버섯 4개 4 champignons *pyogo*
양파 1/2개 1/2 oignon
참기름 1큰술 1 cuillère à soupe d'huile de sésame
달걀 2개 2 œufs
소금 약간 une pincée de sel
식용유 2큰술 2 cuillères à soupe d'huile de cuisson

Sauce & Marinade

소고기 양념 MARINADE DE BŒUF

간장 1큰술 1 cuillère à soupe de sauce soja
설탕 1/2큰술 1/2 cuillère à soupe de sucre
다진 마늘 1/2작은술 1/2 cuillère à café d'ail écrasé
참기름 1/2큰술 1/2 cuillère à soupe d'huile de sésame
후춧가루 조금 une pincée de poivre noir moulu

시금치 나물 ÉPINARDS ASSAISONNÉS

시금치 150g 150 grammes d'épinards
간장 2작은술 2 cuillères à café de sauce soja
참기름 1작은술 1 cuillère à café d'huile de sésame
깨소금 약간 une pincée de sésame moulu

비빔 고추장 MÉLANGE DE GOCHUJANG

고추장 2큰술 2 cuillères à soupe de *gochujang*
설탕 1/2큰술 1/2 cuillère à soupe de sucre
참기름 1큰술 1 cuillère à soupe d'huile de sésame

비빔 간장 MÉLANGE SAUCE SOJA

간장 2큰술 2 cuillères à soupe de sauce soja
설탕 1/2큰술 1/2 cuillère à soupe de sucre
참기름 1큰술 1 cuillère à soupe d'huile de sésame

준비 PRÉPARATION

- 소고기는 가늘게 썰거나 다진 고기를 이용한다.
  Coupez le bœuf en fines tranches ou utilisez du bœuf haché.
- 당근, 양파, 표고버섯은 채를 썰고, 호박은 반달썰기 한다. 시금치는 다듬어 씻는다.
  Coupez les carottes, les oignons et les champignons *pyogo*, et coupez la courge coréenne en deux parts égales sur la longueur puis coupez des tranches. Coupez et nettoyez les épinards.
- 채소 재료는 다른 채소로 대신하거나 빼도 된다.
  Les légumes peuvent être remplacés par d'autres ou omis.

요리 RECETTE

1. 소고기에 고기 양념을 모두 넣고 무쳐서 재워 둔다.
   Ajoutez toute la marinade au bœuf, mélangez et laissez mariner.
2. 시금치는 끓는 물에 1-2분 정도 데쳐서 찬물에 헹궈 물기를 꼭 짠다. 그 다음 간장, 참기름, 깨소금을 넣고 무친다.
   Blanchissez les épinards dans de l'eau bouillante pendant 1-2 minutes puis rincez à l'eau froide et pressez l'excédent d'eau. Assaisonnez ensuite avec de la sauce soja, de l'huile de sésame et du sésame moulu.
3. 당근, 양파, 표고버섯, 호박은 각각 팬에 기름을 두르고 소금을 뿌려 살짝 볶는다.
   Enduisez la poêle d'huile, puis faites revenir légèrement les carottes, les oignons, les champignons *pyogo* et la courgette coréenne séparément, assaisonnés de sel.
4. 재워 둔 소고기는 프라이팬에 볶는다.
   Faites revenir le bœuf mariné dans une poêle.
5. 비빔 고추장 또는 비빔 간장 재료를 모두 섞어 양념장을 만들고, 달걀프라이를 만든다.
   Pour la sauce du *bibimbap*, mélangez les ingrédients de la sauce *gochujang* ou de la sauce soja pour un plat non épicé. Ajoutez un œuf au plat.
6. 그릇에 밥을 담고 볶은 채소들과 소고기를 담고 달걀프라이를 올린다. 그 위에 참기름을 넣고 비빔 고추장 또는 비빔 간장을 곁들여 비빈다.
   Dans un bol de riz cuit, ajoutez les légumes et le bœuf, puis placez l'œuf au plat sur le dessus. Ajoutez de l'huile de sésame et garnissez de *gochujang* ou de sauce soja. Mélangez bien.

Vocabulaire

재료 INGRÉDIENTS

Audio 033

시금치 [sigeumchi]
épinards

note
Les épinards, qui contiennent de nombreuses vitamines variées, sont consommés assaisonnés ou bouillis dans la soupe, et sont également utilisés comme ingrédient mineur dans les *japchae*, *gimbap*, *bibimbap*, etc.

참기름 [chamgireum]
huile de sésame

note
Les graines de sésame sont grillées et pressées, ce qui rend leur arôme savoureux et fort. On utilise l'huile de sésame pour aromatiser certains plats.

요리 RECETTE

Audio 034

Forme infinitive	Signification	Exemples
비비다 [bibida]	mélanger ➡	• 비빔밥은 밥에 채소를 넣고 **비비세요.** Pour le *bibimbap*, mettez les légumes sur le riz et mélangez. • 국수에 간장을 넣고 **비비면** 맛있어요. Si vous ajoutez de la sauce soja aux nouilles et que vous mélangez, elles auront bon goût.
무치다 [muchida]	assaisonner ➡	• 소고기를 양념에 **무쳐서** 재워 두세요. Assaisonnez le bœuf avec la marinade et laissez mariner. • 시금치를 간장과 참기름으로 **무치세요.** Assaisonnez les épinards avec de la sauce soja et de l'huile de sésame.
만들다 [mandeulda]	faire, fabriquer ➡	• 양념장을 **만드세요.** Faites la marinade. • 비빔 고추장을 **만들어서** 곁들이세요. Utilisez la sauce de *gochujang* comme garniture.

Parlons coréen !

가끔 먹어요.

Audio 035

A **비빔밥을 자주 먹어요?** Est-ce que vous mangez souvent du *bibimbap* ?

B **아니요, 가끔 먹어요.** Non, j'en mange de temps en temps.

자주 (souvent) et 가끔 (parfois) sont des adverbes qui indiquent le degré de répétition d'un événement ou d'une tâche. Les mots suivants peuvent être utilisés en fonction du degré de fréquence.

0				100
전혀 안~	거의 안~	가끔	자주	항상 / 언제나
pas du tout	presque pas	occasionnellement	souvent	toujours / n'importe quand

Exercice

A **이거 자주 해요?** Est-ce que vous faites ça souvent ?

B **네, 자주 해요. / 아니요, 가끔 해요.** Oui, je le fais souvent. / Non, je le fais occasionnellement.

항상 / 언제나 | 전혀 안 / 거의 안

비빔밥을 먹어 봤어요?

Audio 036

A **비빔밥을 먹어 봤어요?** Est-ce que vous avez déjà mangé du *bibimbap* ?

B **네, 비행기에서 먹어 봤어요.** Oui, j'en ai mangé dans l'avion.

On utilise la locution verbale −아/어 보다 pour exprimer une expérience passée. On peut le traduire par « essayer de + infinitif » ou « avoir déjà + participe passé ».

V/A radical avec ㅏ/ㅗ + **−아 봤어요**: 말(다) + −아 봤어요 → 말아 봤어요

V/A radical avec d'autres voyelles + **−어 봤어요**: 만들(다) + −어 봤어요 → 만들어 봤어요

하다 → **해 봤어요**: 요리하(다) → 요리해 봤어요

Exercice

A **어제 뭐 했어요?** Qu'est-ce que vous avez fait hier ?

B **김밥을 만들어 봤어요.** J'ai essayé de faire du *gimbap*.

미역국을 끓이다 | 해물파전을 부치다

> Faites attention !
>
> **Voyelles**
>
> ㅣ+ㅓ→ㅕ
>
> 끓이어 → 끓여
>
> 부치어 → 부쳐

김밥
Gimbap

Vidéo 010

GIMBAP

Le *gimbap* est une fine couche de riz enroulée dans une feuille d'algue et garnie de radis mariné, d'œufs, de carottes, de jambon, de galettes d'*eomuk* et de divers légumes. Le *gimbap* est populaire pour les pique-niques, les voyages et les boîtes à déjeuner parce qu'il est facile à préparer et à manger. Selon la garniture, il existe des *gimbap* au thon, des *gimbap* au *kimchi*, des *gimbap* aux œufs, des *gimbap* au fromage, et bien d'autres encore, et le mélange coloré d'ingrédients en fait un plaisir pour les yeux.

재료 INGRÉDIENTS

2-3인분 Pour 2-3 personnes

밥 600g
600 grammes de riz cuit à la vapeur

단무지 4줄
4 tagliatelles épaisses de radis mariné

달걀 3개
3 œufs

당근 1/2개
1/2 carotte

햄 100g
100 grammes de jambon

시금치 200g
200 grammes d'épinards

참기름 $1\frac{1}{3}$큰술
$1\frac{1}{3}$ cuillères à soupe d'huile de sésame

소금 1작은술
1 cuillère à café de sel

간장 1작은술
1 cuillère à café de sauce soja

식용유
huile de cuisson

김밥용 김 4장
4 feuilles d'algues pour *gimbap*

준비 PRÉPARATION

- 김밥용 단무지는 그대로 사용하고, 통으로 된 단무지는 1cm 정도 두께의 긴 사각기둥 모양으로 썰어서 사용한다. Pour le *gimbap*, utilisez les tagliatelles de radis mariné vendues dans les épiceries coréennes ou coupez un radis mariné entier en longues lignes rectangulaires de 1 cm d'épaisseur.
- 염도가 높은 스팸이나 소시지를 햄 대신 사용할 때는 끓는 물에 1~2분 정도 데쳐서 물기를 제거한다. 김은 김밥용 김을 사용해야 찢어지지 않는다.
  Si vous utilisez du jambon en boîte ou des saucisses à haute teneur en sel au lieu de jambon classique, blanchissez dans de l'eau bouillante pendant 1-2 minutes, puis égouttez. Utilisez des algues pour *gimbap* qui sont plus résistantes et ne se déchirent pas au moment de rouler.

요리 RECETTE

1 달걀은 소금을 넣고 풀어 준 후, 프라이팬에 얇게 부쳐서 채를 썰거나 달걀말이처럼 두툼하게 부쳐서 1cm 정도 두께의 긴 사각기둥 형태로 썬다.
Ajoutez le sel aux œufs, battez, puis étalez en fine couche et remuez pour faire des œufs brouillés ou faites frire le mélange en couche épaisse comme une crêpe et coupez en lamelles rectangulaires d'1 cm d'épaisseur.

2 당근은 채를 썰어 프라이팬에 식용유를 두르고 소금을 뿌려 볶는다.
Râpez les carottes, enduisez une poêle d'huile de cuisson, saupoudrez de sel et faites revenir.

3 햄은 1cm 정도 두께의 긴 사각기둥으로 썰고 프라이팬에 익힌다. 햄이 짧은 경우는 2개를 이어서 사용한다. Coupez le jambon en bandes rectangulaires d'1 cm d'épaisseur et cuisez les tagliatelles dans une poêle. Si le jambon est court, utilisez deux morceaux d'affilée.

4 시금치는 끓는 물에 살짝 삶아 물기를 제거하고 간장과 참기름을 넣고 무친다.
Faites bouillir légèrement les épinards dans de l'eau bouillante, égouttez et ajoutez de la sauce soja et de l'huile de sésame pour assaisonner.

5 밥에 소금 1/2작은술, 참기름 1큰술을 넣고 골고루 섞는다.
Ajoutez 1/2 cuillère à café de sel et 1 cuillère à soupe d'huile de sésame au riz et mélangez uniformément.

6 김 위에 밥을 2/3정도 얇고 고르게 펴고, 그 위에 재료를 모두 올리고 눌러 가며 만다. 김밥을 한입 크기로 썬다.
Étalez le riz sur les 2/3 de l'algue, ajoutez les ingrédients, roulez et coupez en morceaux.

CONSEILS

* Vous pouvez ajouter d'autres ingrédients particulièrement délicieux comme de la bardane braisée, du fromage, du surimi, du thon, etc.

* Quand vous roulez le *gimbap*, vous pouvez vous aider d'une natte à *gimbap* ou d'un moule à *gimbap*.

Vocabulaire

Audio 037

재료 INGRÉDIENTS

단무지 [danmuji]
radis mariné

note

On fabrique le radis mariné en plaçant du radis en saumure dans du sel. Une fois qu'il est assez salé, on retire une partie du sel en le trempant dans une vinaigrette au vinaigre, au sucre et aux fruits de gardénia qui sont de couleur jaune.

김 [gim]
algues

note

L'algue à *gimbap* est un type d'algue consommée de différentes manières – séchée, enrobée d'huile de cuisson, et saupoudrée de sel comme plat d'accompagnement, ou utilisée séchée telle quelle pour faire du *gimbap*.

Piste 038

요리 RECETTE

Forme infinitive	Signification		Exemples
부치다 [buchida]	frire	➡	• 달걀을 얇게 **부치세요.** Faites frire à feu doux les œufs. • 감자전을 **부쳐서** 초간장을 곁들이세요. Faites frire la *gamjajeon* et garnissez de sauce soja vinaigrée.
펴다 [pyeoda]	étaler	➡	• 밥을 고르게 **펴고** 재료를 올리세요. Étalez le riz uniformément et mettez les ingrédients sur le dessus. • 반죽을 프라이팬에 넣고 둥글게 **펴세요.** Mettez la pâte dans une poêle et étalez-la en rond.
말다 [malda]	enrouler	➡	• 끝에서부터 밥을 **마세요.** Roulez le riz à partir de l'extrémité. • 김밥을 **말아서** 소풍을 갑시다. Enroulons le *gimbap* et partons pique-niquer.

Parlons coréen !

집에서 먹었어요.

Audio 039

A 점심 어디에서 먹었어요? Où avez-vous déjeuné ?

B 집에서 먹었어요. J'ai mangé à la maison.

에서 est une particule prépositionnelle locative qui indique l'endroit où une action a lieu. On l'attache au nom de lieu selon la structure « N + 에서 ».

Attention, on ne l'utilise pas pour les actions de mouvement.

Ex 집에서 부엌에서 학교에서 회사에서

Exercice

A **어디에서 만들었어요?** Où avez-vous fait cela ?

B **집에서 만들었어요.** Je l'ai fait chez moi.

식당 부엌 학교 회사

김발로 말아 보세요.

Audio 040

A 김발로 말아 보세요. 더 쉬워요. Essayez de le rouler avec une natte à *gimbap*, c'est plus facile.

B 네, 알겠어요. Très bien, j'ai compris.

–아/어 보세요 est une expression utilisée pour recommander à quelqu'un d'essayer quelque chose.

V/A radical avec ㅏ/ㅗ + **–아 보세요**: 말(다) + –아 보세요 → 말아 봤어요

V/A radical avec d'autres voyelles + **–어 보세요**: 만들(다) + –어 보세요 → 만들어 봤어요

하다 → **해 보세요**: 요리하(다) → 요리해 보세요

Exercice

✦ **김밥을 먹어 보세요.** Essayez de manger du *gimbap*.

✦ **식혜를 마셔 보세요.** Essayez de boire du *sikhye*.

✦ **시금치를 삶아 보세요.** Essayez de faire bouillir les épinards.

Faites attention !

VOYELLE

ㅣ+ㅓ→ㅕ

마시어 → 마셔

달걀말이

Dalgyalmari

Vidéo 011

• DALGYALMARI •

Le *dalgyalmari* est un plat cuit à la poêle, préparé en battant des œufs, en y ajoutant des carottes et des ciboules finement hachées. Comme il s'agit de rouler des œufs battus, on l'appelle *dalgyalmari* (« omelette roulée ») et il est également connu sous le nom de *gyeranmari*. En plus des ciboules, vous pouvez ajouter des légumes hachés comme des carottes et des oignons, ainsi que du jambon, de la saucisse et du fromage. C'est un plat d'accompagnement populaire pour les boîtes à déjeuner.

재료 INGRÉDIENTS

2-3인분 Pour 2-3 personnes

달걀 5개
5 œufs

당근 15g
15 grammes de carotte

대파 20g
20 grammes de ciboule

소금 1작은술
1 cuillère à café de sel

설탕 1/3작은술
1/3 cuillère à café de sucre

식용유 3큰술
3 cuillères à soupe d'huile de cuisson

준비 PRÉPARATION

- 달걀은 3개 이상이면 달걀말이의 모양을 만들 수 있으며 달걀이 많아질수록 더 두툼한 달걀말이가 된다.
  Trois œufs ou plus permettent de confectionner des *dalgyalmari*, et plus vous utilisez d'œufs, plus les *dalgyalmaris* seront épais.
- 채소 대신 치즈를 사용하는 경우는 치즈를 미리 길게 썰어 두었다가 달걀을 말기 시작할 때 넣는다.
  Si vous utilisez du fromage à la place des légumes, coupez d'abord le fromage en lanières et ajoutez-le au moment de rouler le *dalgyalmari*.

요리 RECETTE

1 달걀을 볼에 깨뜨려 소금, 설탕을 넣고 젓가락으로 고루 저으며 풀어 준다.
Cassez les œufs dans un bol, ajoutez le sel et le sucre, et battez uniformément avec des baguettes.

2 대파와 당근은 곱게 다져 달걀을 풀은 물에 넣고 섞는다.
Hachez finement la ciboule et les carottes, ajoutez-les aux œufs battus et mélangez.

3 프라이팬을 달군 후 불의 세기를 약불로 줄이고 식용유를 골고루 펴 바른다.
Chauffez une poêle, réduisez à feu doux et enduisez-la uniformément d'huile de cuisson.

4 프라이팬에 달걀물을 1/3쯤 넣고 얇게 펴고 윗면이 반쯤 익으면 한쪽에서부터 천천히 돌돌 말아 준다.
Versez 1/3 du mélange d'œufs dans la poêle, étalez-le finement, et lorsque le dessus est à moitié cuit, roulez lentement le tout à partir d'un bord.

5 말은 달걀을 한쪽으로 밀고 남은 계란 반죽을 이어서 붓고 다시 말아 준다.
Poussez les œufs roulés d'un côté, versez le mélange d'œufs restant et continuez à rouler.

6 **5**의 과정을 달걀 반죽을 다 쓸 때까지 반복하고 달걀말이의 옆면도 잘 익혀 준다. 달걀말이는 잠시 식혀서 적당한 크기로 썬다.
Répétez l'étape 5 pour utiliser tout le reste du mélange d'œuf et faites bien cuire les *dalgyalmari* sur les côtés. Laissez refroidir brièvement et coupez-les en morceaux de taille appropriée.

CONSEILS

* Les oignons, les champignons, les poivrons, etc. peuvent être substitués aux ciboules et aux carottes. Si vous n'avez pas de légumes, vous pouvez également utiliser des œufs seuls.

* Les œufs bien battus sont appelés 달걀물 (*dalgyalmul*).

Vocabulaire

Audio 041

재료 INGRÉDIENTS

달걀 [dalgyal]
œuf

note
Les œufs sont utilisés comme ingrédient principal dans la nourriture coréenne, mais sont également souvent utilisés pour améliorer la saveur ou la forme d'un plat.

당근 [danggeun]
carotte

note
Les carottes sont utilisées dans les *japchae*, les *gimbap* et les *dalgyalmari*, et ont une couleur orange qui améliore la palette de couleurs des plats.

Audio 042

요리 RECETTE

Forme infinitive	Signification		Exemples
다지다 [dajida]	hacher	➡	• 채소를 **다져서** 그릇에 넣으세요. Hachez les légumes et mettez-les dans une assiette. • 대파와 당근은 곱게 **다지세요.** Hachez finement la ciboule et les carottes.
깨뜨리다 [kkaetteurida]	casser	➡	• 달걀을 그릇에 **깨뜨리세요.** Cassez les œufs dans une assiette. • 달걀을 **깨뜨리고** 소금을 넣으세요. Cassez les œufs et ajoutez du sel.
풀다 [pulda]	battre, fouetter	➡	• 달걀을 잘 **풀어** 주세요. Battez bien les œufs. • 반죽이 뭉치지 않게 **푸세요.** Battez la pâte pour qu'elle ne colle pas.

Parlons coréen !

누가 만들었어요?

Audio 043

A 너무 예뻐요. 누가 만들었어요? C'est tellement joli. Qui l'a fait ?

B 지수 씨가 만들었어요. Jisu l'a fait.

누가 est la forme abrégée de « 누구 + 가 », 누구 signifiant « qui » et 가 étant un marqueur du sujet. « 지수 씨 » ajoute 씨(ssi) au nom d'une personne pour s'adresser à cette personne avec respect. Lorsque la personne à qui l'on pose la question répond en tant que sujet, 제가 est utilisé pour faire preuve d'humilité et valoriser l'interlocuteur.

Exercice

A **누가 요리했어요?** Qui a préparé ça ?

B **엘리스 씨가 했어요.** C'est Alice qui l'a fait.

제가 | 민수 씨가 | 월터 씨가

달걀말이를 만들까요?

Audio 044

A 달걀말이를 만들까요? Et si on faisait du *dalgyalmari* ?

B 좋아요. 달걀은 있어요. D'accord. Nous avons des œufs.

« V + -(으)ㄹ까요 ? » est une particule verbale propositive utilisée pour suggérer quelque chose à une autre personne.

Consonne finale O + **-을까요?**: 넣(다) + -을까요 → 넣을까요?

Consonne finale X + **-ㄹ까요?**: 빼(다) + -ㄹ까요 → 뺄까요?

Exercice

A **한국 음식을 만들까요?** Et si on faisait un plat coréen ?

먹다 | 요리하다

B **네, 좋아요.** Oui, d'accord.

계란찜

Gyeranjjim

Vidéo 012

◆ GYERANJJIM ◆

Le *gyeranjjim* est un plat vapeur d'œufs assaisonnés de crevettes en saumure ou du sel et cuits directement à feu moyen. Vous pouvez aussi ajouter des carottes, des oignons, des ciboules, etc. aux œufs battus pour créer de jolis *gyeranjjim* colorés. Le *gyeranjjim* est un plat d'accompagnement apprécié par les enfants car il est léger et subtil et se marie bien avec des plats épicés. De nos jours, il est courant de faire cuire les œufs sur une flamme nue à l'aide d'un *ttukbaegi* (« pot en terre cuite »), c'est ce que l'on appelle *poktan gyeranjjim* (« bombe œuf vapeur »).

재료 INGRÉDIENTS

2인분 Pour 2 personnes

달걀 4개
4 œufs

새우젓 1큰술
(또는 소금 1/2작은술)
1 cuillère à soupe de crevettes en saumure (ou 1/2 cuillère à café de sel)

설탕 1/3작은술
1/3 cuillère à café de sucre

물 80ml
80 millilitres d'eau

대파 20g
20 grammes de ciboule

준비 PRÉPARATION

- 달걀의 양은 찜 용기와 인원수를 고려하여 가감한다.
  Ajoutez plus ou moins d'œufs en fonction de la taille du récipient et du nombre de personnes.
- 대파는 송송 썰고 새우젓은 곱게 다진다.
  Coupez la ciboule et hachez finement les crevettes en saumure.

요리 RECETTE

1. 그릇에 달걀을 깨뜨리고 새우젓(또는 소금)과 설탕을 넣고 잘 섞은 후 물을 넣고 다시 잘 섞는다.
   Cassez les œufs dans une assiette, ajoutez les crevettes en saumure (ou le sel), le sucre, puis mélangez bien, ajoutez de l'eau et mélangez à nouveau.
2. 뚝배기에 달걀물을 80% 정도 붓고 중약불로 가열한다.
   Versez le mélange d'œufs de manière à remplir 80% du *ttukbaegi* et chauffez à feu moyen-doux.
3. 달걀물이 뚝배기에 눌어붙지 않도록 숟가락으로 바닥을 긁으며 계속 저어 준다.
   Remuez continuellement en n'oubliant pas de remuer le fond du *ttukbaegi* avec une cuillère afin que le mélange d'œufs ne colle pas au récipient.
4. 달걀이 몽글몽글하게 익으면 대파를 넣고 섞는다.
   Cuisez les œufs jusqu'à ce qu'ils soient grumeleux, ajoutez la ciboule et mélangez.
5. 달걀이 80% 정도 익으면 다른 뚝배기 또는 깊이가 있는 그릇으로 뚜껑처럼 덮어 최대한 약불로 줄이고 3–4분쯤 익힌다.
   Lorsque les œufs sont cuits à environ 80%, couvrez et réduisez le feu le plus possible et laissez cuire la préparation pendant encore 3-4 minutes.
6. 뚜껑에서 김이 나면 불을 끄고 1분쯤 더 기다렸다가 뚜껑을 열고 대파 3–4조각으로 장식을 하여 마무리한다.
   Lorsque de la vapeur s'échappe du couvercle, éteignez le feu, attendez une minute de plus, retirez le couvercle et, pour finir, ajoutez 3-4 morceaux de ciboule en décoration.

CONSEILS

* Si vous n'avez pas de crevettes en saumure, utilisez du sel.

* Ajouter de l'eau et des œufs dans un rapport d'environ 1/3.

Vocabulaire

재료 INGRÉDIENTS

Audio 045

계란 [gyeran]
œuf

note
Dalgyal est un mot d'origine coréenne et *gyeran* est un mot d'origine chinoise avec la même signification. Les deux sont couramment utilisés.

새우젓 [saeujeot]
crevettes en saumure

note
Aliment à base de crevettes marinées dans du sel. On l'utilise pour la fabrication du *kimchi*, l'assaisonnement du *jjigae* ou de la *guk*, etc. Il accompagne également bien la viande de porc.

요리 RECETTE

Audio 046

Forme infinitive	Signification	Exemples
젓다 [jeot-tta]	remuer ➡	• 달걀물을 넣고 바닥까지 잘 **저으세요.** Ajoutez le mélange d'œufs et remuez bien jusqu'au fond. • 소금을 넣고 **저은** 후 뚝배기에 담으세요. Ajoutez le sel et, après avoir remué, mettez dans un *ttukbaegi*.
익히다 [ikida]	cuire ➡	• 뚜껑을 덮고 3-4분 정도 **익히세요.** Couvrez avec un couvercle et cuisez pendant 3-4 minutes. • 윗면이 **익으면** 뒤집으세요. Une fois que la partie supérieure est cuite, retournez la crêpe.
기다리다 [gidarida]	attendre ➡	• 뚜껑을 덮고 **기다려야** 돼요. Couvrez de préférence puis attendez. • 국물이 우러날 때까지 **기다리세요.** Attendez que le bouillon infuse.

Parlons coréen !

기다려야 돼요.

Audio 047

A 지금 뚜껑을 열까요? Est-ce que je peux soulever le couvercle maintenant ?

B 아니요, 기다려야 돼요. Non, vous devez attendre.

Lorsqu'on ajoute la locution verbale –아/어야 돼요 à un verbe, cela indique la nécessité d'une action ou d'une situation. « V + –아/어야 돼요 ? » est la forme interrogative.

V radical en ㅏ/ㅗ + **–아/어야 돼요**: 가(다) + –아야 돼요 → 가야 돼요

V radical avec d'autres voyelles + **–아/어야 돼요**: 기다리(다) + –어야 돼요 → 기다려야 돼요

하다 → **해야 돼요**: 공부하다 → 공부해야 돼요

Exercice

A **영화를 볼까요?** Et si on regardait un film ?

B **미안해요. 안 돼요. 공부해야 돼요.** Désolé. Je ne peux pas. Je dois étudier.

집에 가다 | 밥을 먹다 | 일하다

대파를 넣고 섞으세요.

Audio 048

A 이제 뭘 넣을까요? Que devrais-je ajouter ensuite ?

B 대파를 넣고 섞으세요. Ajoutez la ciboule et mélangez.

–고 est une particule conjonctive qui permet de coordonner les actions d'une tâche dans leur ordre d'exécution. C'est l'équivalent en français de « puis ». Dans le modèle « V_1 + –고 V_2 », l'action V_1 a lieu avant l'action V_2.

Ex 넣(다) + –고 젓다 → 넣고 젓다
덮(다) + –고 익히다 → 덮고 익히다

Exercice

✦ **뚜껑을 덮고 익히세요.** Couvrez le mélange puis cuisez.

✦ **소금을 넣고 저으세요.** Salez et remuez.

두부부침

Dubububchim

Vidéo 013

• DUBUBUCHIM •

C'est un plat de tofu que l'on fait frire dans de l'huile de périlla jusqu'à ce qu'il dore, trempé dans de la sauce soja, de l'huile de sésame et du sel de sésame. Vous apprécierez la saveur de l'huile de périlla marié au goût subtil du tofu qui, associé aux œufs, est doux et fin. Le tofu est depuis longtemps l'aliment préféré du commun des mortels pour sa richesse en protéines, et si le *dubububchim* est un plat traditionnel pour les fêtes, il est aussi facile à préparer et à manger au quotidien.

고소한 두부부침 FAIRE UN DUBUBUCHIM FORT EN GOÛT

재료 INGRÉDIENTS

2인분 Pour 2 personnes

두부 1모 (300g)
1 bloc (300 grammes) de tofu

들기름 2큰술
2 cuillères à soupe d'huile de périlla

식용유 1큰술
1 cuillère à soupe d'huile de cuisson

소금 1/2작은술
1/2 cuillère à café de sel

Sauce & Marinade

간장 1큰술
1 cuillère à soupe de sauce soja

참기름 1/2큰술
1/2 cuillère à soupe d'huile de sésame

깨소금 1/2작은술
1/2 cuillère à café de sésame moulu

1

2

3

1. 두부는 1cm 정도 두께로 썰어 물기를 제거하고 소금으로 밑간을 한다.
Coupez le tofu en morceaux de 1 cm d'épaisseur, enlevez le jus et assaisonnez avec du sel.

2. 팬을 달구어서 들기름과 식용유를 두르고 중약불로 줄여 두부를 넣는다.
Chauffez une poêle, enduisez d'huile de périlla et d'huile de cuisson, réduisez le feu à moyen-doux et ajoutez le tofu.

3. 약 2분 정도 지난 후 두부의 아래쪽 면이 노릇하게 구워지면 뒤집고, 반대편도 노릇하게 굽는다. 두부는 잘 부서지기 때문에 한 번만 뒤집는 것이 좋다.
Après 2 minutes, lorsque le côté inférieur du tofu est bien doré, retournez et continuez à faire frire jusqu'à ce que l'autre côté soit également doré. Le tofu se casse facilement et il est préférable de ne le retourner qu'une seule fois.

4. 간장, 참기름, 깨소금을 섞어 양념장을 곁들인다.
Mélangez la sauce soja, l'huile de sésame et le sésame moulu, et servez avec la sauce.

부드러운 두부부침 FAIRE UN DUBUBUCHIM PLUS DOUX

재료 INGRÉDIENTS

2인분 Pour 2 personnes

두부 1모 (300g)
1 bloc (300 grammes) de tofu

달걀 2개
2 œufs

밀가루 3큰술
3 cuillères à soupe de farine

소금 1작은술
1 cuillère à café de sel

식용유 3큰술
3 cuillères à soupe d'huile de cuisson

1

2

3

1. 두부는 적당한 크기로 썰어 물기를 제거하고 소금으로 밑간을 한다.
Coupez le tofu en morceaux de taille appropriée, enlevez le jus et assaisonnez de sel.

2. 달걀에 소금을 넣고 잘 풀어 준다.
Salez les œufs et battez-les en omelette.

3. 두부에 밀가루를 고루 묻히고 달걀물에 담갔다가 프라이팬에 지진다.
Enrobez uniformément le tofu de farine, trempez-le dans le mélange d'œufs battus et faites-le frire dans une poêle.

4. 중약불에서 구워야 노릇하게 구워지며, 한 면이 노릇해지면 뒤집어서 익힌다.
Pour une friture dorée, utilisez de préférence un feu moyen-doux, et faites dorer d'un côté puis de l'autre.

Vocabulaire

재료 INGRÉDIENTS

Audio 049

두부 [dubu]
tofu

note
Le tofu se fabrique au moyen de fèves de soja trempées, broyées et bouillies, auxquelles on ajoute de l'eau salée pour solidifier le mélange. Le tofu est un ingrédient constitué uniquement de fèves de soja, c'est donc un plat riche en protéines.

들기름 [deulgireum]
huile de périlla

note
L'huile de périlla a un goût et un parfum uniques et savoureux, différent de ceux de l'huile de sésame. On l'utilise comme ingrédient pour relever la saveur des plats.

요리 RECETTE

Audio 050

Forme infinitive	Signification		Exemples
뒤집다 [dwijiptta]	retourner	➡	• 아래쪽이 익으면 두부를 **뒤집으세요.** Une fois que la face inférieure est cuite, retournez le tofu. • 두부는 한 번만 **뒤집고** 불을 끄세요. Retournez le tofu une seule fois et éteignez le feu.
부서지다 [buseojida]	casser	➡	• 두부는 잘 **부서져요.** Le tofu se casse facilement. • 두부가 **부서지지** 않게 조심하세요. Faites attention à ce que le tofu ne se casse pas.
굽다 [guptta]	griller	➡	• 앞뒤로 노릇노릇하게 **구우세요.** Faites frire le haut et le bas jusqu'à ce qu'ils soient dorés. • 기름을 두른 팬에 **구우면** 맛있어요. Il a bon goût s'il est grillé dans une poêle enduite d'huile.

Parlons coréen !

뒤집어도 돼요?

Audio 051

A **두부를 뒤집어도 돼요?** Est-ce que je peux retourner le tofu ?

B **네, 뒤집어도 돼요. / 아니요, 안 돼요.** Oui, vous pouvez le retourner. / Non, vous ne pouvez pas.

« V + -아/어도 돼요 ? » est utilisé pour demander la permission d'une autre personne pour effectuer une action. Pour une réponse affirmative, on utilise « V + -아/어도 돼요 » et pour une réponse négative, on utilise 안 돼요.

V radical avec ㅏ/ㅗ + **-아도 돼요**: 닫(다) + -아도 돼요 → 닫아도 돼요
V radical avec d'autres voyelles + **-어도 돼요**: 뒤집(다) + -어도 돼요 → 뒤집어도 돼요
하다 → **해도 돼요**: 사용하다 → 사용해도 돼요

Exercice

A **이거 먹어도 돼요?** Est-ce que je peux manger ceci ?

B **네, 먹어도 돼요. / 아니요, 안 돼요** Oui, vous pouvez le manger. / Non, vous ne pouvez pas.

뜨거우니까 조심하세요.

Audio 052

A **뜨거우니까 조심하세요.** C'est chaud, alors faites attention.

B **네, 고마워요.** Oui, merci.

« V/A + -(으)니까 » est une terminaison surbordinative qui indique la cause de la proposition qui va suivre. C'est l'équivalent de « parce que » en français.

Consonne finale O + **-으니까**: 먹(다) + -으니까 → 먹으니까
Consonne finale X + **-니까**: 부서지(다) + -니까 → 부서지니까

Exercice

- **밥을 먹으니까 배불러요.** J'ai mangé, donc je suis rassasié.
- **두부가 부서지니까 천천히 뒤집으세요.** Le tofu se casse facilement, alors retournez-le lentement.
- **김치가 익으니까 맛있어요.** Le *kimchi* est mûr, donc c'est délicieux.

두부김치

Dubukimchi

Vidéo 014

DUBUKIMCHI

Le *dubukimchi* est du tofu chaud servi avec du *kimchi* sauté dans l'huile. La saveur douce et savoureuse du tofu et la texture riche et croquante du *kimchi* s'associent pour créer une combinaison délicieuse. Le tofu immaculé et le *kimchi* vert rougeâtre vous ouvriront l'appétit rien qu'en les regardant. Le *dubukimchi* est également populaire comme en-cas, car il se marie bien avec les alcools coréens, le *makgeolli* ou le *soju*.

재료 INGRÉDIENTS

2-3인분 Pour 2-3 personnes

두부 1모 (300g)
1 bloc (300 grammes) de tofu

김치 250g
250 grammes de *kimchi*

양파 1/2개
1/2 oignon

대파 20g
20 grammes de ciboule

참기름 1큰술
1 cuillère à soupe d'huile de sésame

고춧가루 1큰술
1 cuillère à soupe de poudre de piment

다진 마늘 1/2큰술
1/2 cuillère à soupe d'ail écrasé

식용유 1큰술
1 cuillère à soupe d'huile de cuisson

설탕 1/2큰술
1/2 cuillère à soupe de sucre

물 1/2컵
1/2 tasse d'eau

깨소금 1/2큰술
1/2 cuillère à soupe de sésame moulu

소금 약간
une pincée de sel

CONSEILS

* Vous pouvez utiliser des graines de sésame entières à la place du sésame moulu.

* Préférez du *kimchi* aigre pour un goût plus intense.

준비 PRÉPARATION

- 신김치는 먹기 좋은 크기로 썬다.
  Coupez le *kimchi* aigre en morceaux de la taille d'une bouchée.

- 대파는 어슷썰기 하고, 양파는 굵게 채 썬다.
  Coupez la ciboule à l'oblique et coupez grossièrement l'oignon en morceaux épais.

요리 RECETTE

1 달군 팬에 식용유를 두른 후 양파를 2분 정도 볶는다.
Après avoir enduit une poêle préchauffée d'huile de cuisson, faites revenir l'oignon pendant 2 minutes.

2 신김치, 고춧가루, 설탕, 다진 마늘, 물을 넣고 중약불에서 8분 정도 더 볶는다.
Ajoutez le *kimchi* aigre, la poudre de piment, le sucre, l'ail écrasé et l'eau, et continuez à faire revenir à feu moyen-doux pendant 8 minutes.

3 물기가 거의 없어지면 대파와 참기름을 넣고 1분 정도 더 볶고, 깨소금 또는 통깨를 뿌려 완성한다.
Une fois que l'eau a presque complètement disparu, ajoutez la ciboule et l'huile de sésame et faites revenir pendant une minute, puis saupoudrez de sésame moulu ou de graines de sésame entières pour compléter.

4 끓는 물에 소금을 한 꼬집 넣고 두부를 1분 정도 데친다.
Ajoutez une pincée de sel à l'eau bouillante et blanchissez le tofu pendant environ 1 minute.

5 데친 두부는 먹기 좋은 크기로 썬다.
Coupez le tofu blanchi en morceaux de la taille d'une bouchée.

6 접시에 두부를 담고 두부에 닿지 않게 김치를 한쪽에 담는다.
Mettez le tofu sur une assiette et mettez le *kimchi* de l'autre côté sans qu'il touche le tofu.

Vocabulaire

재료 INGRÉDIENTS

Audio 053

양파 [yangpa]
oignon

note
Une fois cuits, les oignons ont un goût sucré. On utilise fréquemment ce légume dans divers plats coréens tels que les ragoûts, les plats de viande, les émincés, etc.

깨소금 [kkaesogeum]
sésame moulu

note
Le sésame moulu est fait de graines de sésame grillées à la poêle, broyées, et parfois moulu avec un peu de sel. Il a un goût et une odeur délicieux, il a aussi une valeur décorative et on l'utilise donc dans presque tous les plats coréens.

요리 RECETTE

Audio 054

Forme infinitive	Signification		Exemples
데치다 [dechida]	blanchir	➡	• 두부를 끓는 물에 **데치세요.** Blanchissez le tofu dans de l'eau bouillante. • 시금치를 **데쳐서** 물기를 제거하세요. Blanchissez les épinards et retirez l'eau.
뿌리다 [ppurida]	saupoudrer	➡	• 깨소금을 **뿌리세요.** Saupoudrez de sésame moulu. • 후춧가루를 **뿌려서** 재워 두세요. Saupoudrez de poivre noir moulu et réservez.
먹다 [meoktta]	manger	➡	• 두부와 김치를 같이 **먹으면** 맛있어요. Si vous mangez du tofu et du *kimchi* ensemble, c'est délicieux. • 김치를 **먹기** 좋은 크기로 썰어 주세요. Coupez le *kimchi* en morceaux de la taille d'une bouchée.

Parlons coréen !

김치를 볶아 주세요.

Audio 055

A 김치를 어떻게 할까요? Que dois-je faire avec le *kimchi* ?

B 김치를 볶아 주세요. Faites revenir le *kimchi*, s'il vous plaît.

« V + –아/어 주다 » exprime qu'une action est effectuée pour une autre personne. On l'utilise principalement pour offrir ou promettre de faire quelque chose pour quelqu'un, ou lorsque vous demandez de l'aide à quelqu'un.

V radical avec ㅏ/ㅗ + **–아 주세요** : 볶(다) + –아 주세요 → 볶아 주세요

V radical avec d'autres voyelles + **–어 주세요** : 뿌리(다) + –어 주세요 → 뿌려 주세요

하다 → **해 주세요** : 요리하다 → 요리해 주세요

Exercice

A 그다음은 뭘 할까요? Que dois-je faire ensuite ?

B 김치를 볶아 주세요. Faites revenir le *kimchi*, s'il vous plaît.

깨소금을 뿌리다 | 양파를 썰다

김치가 조금 매워요.

Audio 056

A 김치가 매워요? Est-ce que le *kimchi* c'est épicé ?

B 네, 김치가 조금 매워요. Oui, le *kimchi* c'est un peu épicé.

Lorsqu'on combine 맵다 (épicé) avec la terminaison –어요, qui commence par une voyelle, la consonne finale ㅂ dans le radical du verbe est changée en 우, qui est appelé un « ㅂ irrégulier ». Cela s'applique à d'autres verbes similaires comme 굽다 et 아름답다, etc.

Ex 맵(다) + –어요 → 매워요   굽(다) + –어요 → 구워요

Exercice

A 이거 어떻게 해요? Comment puis-je faire cela ?

B 프라이팬에 구워요. Faites-le griller dans une poêle.

A 이 그림 어때요? Comment est ce dessin ?

B 너무 아름다워요. C'est magnifique.

순두부찌개

Sundubujjigae

Vidéo 015

• SUNDUBUJJIGAE •

Le *sundubujjigae* est un plat de tofu mou mijoté avec du porc, du bœuf, des crustacés et de la poudre de piment. La soupe épicée mais fraîche stimule l’appétit et le tofu moelleux calme les épices en bouche. Le *sundubujjigae*, cuit dans un *ttukbaegi* (pot en terre cuite) et garni d’un œuf, vous mettra l’eau à la bouche rien qu’en le voyant et en l’entendant mijoter.

재료 INGRÉDIENTS

2인분 Pour 2 personnes

순두부 1팩 (400g)
1 paquet (400 grammes) de tofu mou

돼지고기 100g
100 grammes de porc

양파 1/2개
1/2 oignon

대파 20g
20 grammes de ciboule

고춧가루 1큰술
1 cuillère à soupe de poudre de piment

달걀 1개
1 œuf

참기름 1큰술
1 cuillère à soupe d'huile de sésame

식용유 1큰술
1 cuillère à soupe d'huile de cuisson

국간장 2큰술
2 cuillères à soupe de sauce soja coréenne

다진 마늘 1작은술
1 cuillère à café d'ail écrasé

물 2컵
2 verres d'eau

CONSEILS

* Les palourdes coréennes ajoutent une intensité au goût du ragoût.

준비 PRÉPARATION

- 돼지고기는 간 것을 사용하고 덩어리일 때는 다지듯이 작게 썬다.
  Utilisez du porc haché ou, si vous utilisez des morceaux de porc, hachez-les en petits morceaux comme pour faire une farce.

요리 RECETTE

1. 대파와 양파는 다지듯이 작게 썬다.
   Coupez la ciboule et l'oignon en petits morceaux comme pour faire une farce.

2. 냄비에 식용유와 참기름을 넣고 중약불에서 대파, 양파, 돼지고기를 같이 볶는다.
   Versez l'huile de cuisson et l'huile de sésame dans une casserole, puis faites revenir ensemble la ciboule, l'oignon et le porc à feu moyen-doux.

3. 돼지고기의 기름이 배어 나오면 고춧가루를 넣고 약불에서 1분 정도 더 볶아서 빨간색 고추기름이 생기도록 한다.
   Lorsque la graisse commence à suinter de la viande de porc, ajoutez-y la poudre de piment et continuez à faire revenir à feu doux pendant une minute jusqu'à obtenir un mélange rouge et homogène d'huile de piment.

4. 고추기름이 나오면 물을 붓고 국간장을 넣어 5분 정도 끓인다. 바지락조개를 추가한다면 이때 넣는다.
   Une fois que vous obtenez cette huile homogène, versez l'eau dedans, ce sera la base de votre bouillon, et ajoutez la sauce soja coréenne, puis faites bouillir pendant 5 minutes. Si vous utilisez des palourdes coréennes, ajoutez-les maintenant.

5. 찌개가 끓어오르면 순두부를 숟가락으로 떠서 넣고, 다진 마늘도 넣는다.
   Lorsque la soupe arrive à ébullition, ajoutez le tofu mou avec une cuillère, puis ajoutez l'ail écrasé.

6. 찌개가 다시 끓으면 달걀을 넣고 불을 끈다.
   Une fois que la soupe bouillonne à nouveau, ajoutez-y un œuf et éteignez le feu.

Vocabulaire

Audio 057

재료 INGRÉDIENTS

순두부 [sundubu]
tofu mou

note
C'est du lait de soja solide que l'on n'a pas pressé pour le solidifier et lui donner un aspect plus dur comme pour le tofu traditionnel. Il est consommé avec de la sauce soja ou bouilli dans des ragoûts.

대파 [daepa]
ciboule

note
La ciboule est une herbe aromatique utilisée dans la plupart des plats coréens. Elle a de nombreux bénéfices pour la santé, comme renforcer le système immunitaire et réguler le cholestérol. Elle ressemble au poireau et au fenouil.

Audio 058

요리 RECETTE

Forme infinitive	Signification	Exemples
(간을) 맞추다 [matchuda]	assaisonner à son goût	• 간장으로 간을 **맞추고** 2분 더 끓이세요. Aromatisez à votre goût avec de la sauce soja et faites bouillir pendant encore 2 minutes. • 소금으로 간을 **맞추세요.** Aromatisez à votre goût avec du sel.
사용하다 [sayonghada]	utiliser	• 돼지고기 대신 소고기를 **사용하세요.** Utilisez du bœuf au lieu du porc. • 바지락을 **사용한다면** 지금 넣으세요. Si vous comptez utiliser des palourdes coréennes, ajoutez-les maintenant.
끓어오르다 [kkeureo-oreuda]	venir à ébullition	• 찌개가 **끓어오르면** 달걀을 넣으세요. Lorsque la soupe arrive à ébullition, ajoutez l'œuf. • 불이 세서 국물이 금방 **끓어올라요.** Comme le feu de cuisson est fort, la soupe va rapidement arriver à ébullition.

Parlons coréen !

못 먹어 봤어요.

Audio 059

A 순두부찌개 먹어 봤어요? Avez-vous déjà goûté au *sundubujjigae* ?

B 아니요, 못 먹어 봤어요. Non, je n'en ai jamais mangé.

On utilise 못 pour exprimer une impossibilité. C'est l'équivalent en français « ne pas pouvoir ». En coréen, c'est une particule négative que l'on place devant un verbe.

Ex 못 먹어요 못 마셔요

Exercice

A **매운 음식 먹을 수 있어요?** Est-ce que vous pouvez manger de la nourriture épicée ?

B **아니요, 못 먹어요.** Non, je ne peux pas en manger.

A **순두부찌개를 만들 수 있어요?** Est-ce que vous pouvez faire du *sundubujjigae* ?

B **아니요, 못 만들어요.** Non, je ne peux pas en faire.

조개를 사용한다면 지금 넣으세요.

Audio 060

A 조개는 언제 넣어요? Quand est-ce que je dois ajouter les palourdes ?

B 조개를 사용한다면 지금 넣으세요. Si vous comptez utiliser des palourdes, ajoutez-les maintenant.

On utilise « V + –ㄴ다면 » pour indiquer une condition. C'est l'équivalent en français de « Si vous comptez… » / « Si vous allez + verbe infinitif… »

Consonne finale O + **–는다면**: 먹(다) + –는다면 → 먹는다면

Consonne finale X + **–ㄴ다면**: 사용하(다) + –ㄴ다면 → 사용한다면

Exercice

✦ **바지락을 사용한다면 간장과 함께 넣으세요.**
Si vous comptez utiliser des palourdes coréennes, ajoutez-les avec de la sauce soja.

✦ **양파를 넣는다면 돼지고기와 같이 볶으세요.**
Si vous comptez ajouter de l'oignon, faites-le revenir avec du porc.

✦ **한국 음식을 먹는다면 한국 식당을 알려 줄게요.**
Si vous comptez manger de la nourriture coréenne, je vous donnerai une adresse de restaurant.

불고기
Bulgogi

Vidéo 016

• BULGOGI •

Le *bulgogi* est un plat de fines tranches de bœuf marinées dans un mélange de sauce soja et de diverses épices, puis grillées. La marinade du *bulgogi*, à base de poires coréennes et de sucre, adoucit la sauce soja, et confère au plat une saveur sucrée-salée qui plaira à tout le monde. Le mot *bulgogi* signifie « viande sur le feu », car autrefois la viande marinée était cuisinée sur un gril, mais de nos jours elle est plus couramment cuite dans une poêle à frire.

재료 INGRÉDIENTS

2-3인분 Pour 2-3 personnes

소고기 (불고기용) 600g
600 grammes de bœuf
(à utiliser dans le *bulgogi*)

양파 1개
1 oignon

대파 50g
50 grammes de ciboule

표고버섯 2개
2 champignons *pyogo*

Sauce & Marinade

간장 5큰술
5 cuillères à soupe de sauce soja

설탕 2큰술
2 cuillères à soupe de sucre

참기름 2큰술
2 cuillères à soupe d'huile de sésame

다진 마늘 1큰술
1 cuillère à soupe d'ail écrasé

후춧가루 조금
une pincée de poivre noir moulu

CONSEILS

* Vous pouvez utiliser d'autres types de champignons à la place des *pyogo*.

준비 PRÉPARATION

- 소고기는 등심이 좋으며 2mm 두께로 얇게 썰어 준비하며, 질긴 고기는 양파즙이나 배즙에 1시간 정도 재워 두면 연해진다.
L'aloyau est une bonne pièce de bœuf et peut être préparé coupé en fines tranches de 2 mm. Vous pouvez attendrir la viande en la laissant mariner dans du jus d'oignon ou de poire coréenne pendant 1 heure.

요리 RECETTE

1 소고기는 핏물을 제거하고 한 입 크기로 썬다.
Retirez le sang du bœuf et coupez la viande en morceaux de la taille d'une bouchée.

2 양파는 채썰기, 대파는 어슷썰기 하고 표고버섯은 기둥을 제거하고 길게 썬다.
Coupez finement l'oignon, tranchez la ciboule à l'oblique, retirez les tiges des champignons *pyogo* et coupez en longs morceaux.

3 그릇에 간장, 설탕, 참기름, 다진 마늘, 후춧가루를 모두 넣고 섞어서 양념장을 만든다.
Mélangez la sauce soja, le sucre, l'huile de sésame, l'ail écrasé et le poivre noir moulu dans un bol pour faire la marinade.

4 소고기와 표고버섯에 양념장을 넣고 고루 무쳐서 1시간 정도 재워 둔다.
Ajoutez la marinade au bœuf et aux champignons *pyogo*, mélangez uniformément et laissez mariner pendant 1 heure.

5 달군 팬에 재워 둔 소고기와 표고버섯, 양파를 넣고 집게나 젓가락으로 잘 풀어 주면서 볶는다.
Mettez le bœuf mariné et les champignons avec l'oignon dans une poêle chaude et faites revenir tout en utilisant une pince ou des baguettes pour bien mélanger.

6 고기가 절반쯤 익으면 대파를 넣고 완전히 익혀 마무리한다.
Lorsque la viande est presque à moitié cuite, ajoutez la ciboule et laissez mijoter jusqu'à cuisson complète.

Vocabulaire

Audio 061

재료 INGRÉDIENTS

소고기 [sogogi]
viande de bœuf

note
C'est la viande préférée des Coréens. Dans la cuisine coréenne, on utilise le bœuf comme base du bouillon dans les soupes mais aussi comme ingrédient principal quand elle est cuite à la vapeur ou grillée dans de nombreuses autres recettes.

표고버섯 [pyogobeoseot]
champignons *pyogo*

note
Les champignons *pyogo* ont une saveur riche et une texture similaire à la viande, ils sont donc souvent utilisés comme ingrédients dans la cuisine coréenne. Les champignons *pyogo* séchés sont également souvent utilisés comme ingrédient dans le bouillon.

Audio 062

요리 RECETTE

Forme infinitive	Signification		Exemples
얇다 [yaltta]	mince	➡	• 소고기는 **얇게** 썬 것을 준비하세요. Préparez le bœuf coupé en fines tranches. • 양파 채가 너무 **얇아요.** L'oignon est coupé trop fin.
질기다 [jilgida]	dur	➡	• 불고기가 너무 **질겨요.** Le *bulgogi* est trop dur. • **질긴** 고기는 배즙에 1시간 재워 두세요. Faites mariner la viande dure dans du jus de poire coréenne pendant 1 heure.
연하다 [yeonhada]	tendre, léger	➡	• 갈비찜이 너무 맛있고 **연해요.** Le *galbijjim* est si savoureux et tendre. • 된장을 **연하게** 풀어서 찌개를 끓이세요. Battez légèrement le *doenjang* et faites bouillir en ragoût.

Parlons coréen !

소고기가 있어요?

A 소고기가 있어요? Est-ce qu'il y a du bœuf ?

B 네, 있어요. Oui, il y en a.

Si on conjugue le verbe 있다 « se trouver, exister » au présent en style poli on obtient 있어요. Selon le contexte, 있다 peut signifier à la fois « être » ou « avoir ». À la forme interrogative dans une phrase de type N(이/가) 있어요 ?, on traduit en français par « Est-ce qu'il y a… ? ». Pour répondre positivement, on utilise « 네, 있어요. »

Exercice

A **표고버섯이 있어요?** Est-ce qu'il y a des champignons *pyogo* ?

양파 | 김치찌개

B **네, 있어요.** Oui, il y en a.

아니요, 없어요.

A 대파 있어요? Est-ce qu'il y a de la ciboule ?

B 아니요, 없어요. Non, il n'y en a pas.

Le verbe 없다 « ne pas exister, ne pas y en avoir » est l'antonyme de 있다. Si on le conjugue au présent en style poli, on obtient 없어요. Littéralement dans ce contexte « Il n'y en a pas. » Pour répondre négativement à la question N 있어요 ?, on utilise N 없어요. Les deux verbes 있다/없다 sont essentiels pour effectuer des achats en Corée ou pour commander dans un restaurant.

Exercice

A **뭐 드시겠어요?** Qu'est-ce qui vous ferait plaisir ? (Littéralement « De quoi vous restaureriez-vous ? »)

B **갈비탕 있어요?** Est-ce qu'il y a du *galbitang* au menu ?

불고기 | 삼계탕 | 해물파전

A **아니요, 없어요. / 네, 있어요.** Non, il n'y en a pas. / Oui, il y en a.

Vidéo 017

GALBITANG

Le *galbitang* est un plat à base de bouillon préparé en faisant mijoter des côtes de bœuf dans de l'eau à feu doux pendant suffisamment longtemps pour que la chair se détache des côtes. La viande tendre et longuement cuisinée se mange de préférence sans os, servie dans un bouillon riche et profond absorbé par le riz blanc. Les côtes courtes de bœuf ont toujours été un ingrédient coûteux, mais un bol de *galbitang* est un repas rassasiant et nourrissant.

재료 INGRÉDIENTS

2-3인분 Pour 2-3 personnes

소갈비 1kg
1 kilogramme de côtes de bœuf

무 300g
300 grammes de radis

양파 1개
1 oignon

대파 60g
60 grammes de ciboule

마늘 5~6개
5-6 gousses d'ail

국간장 2큰술
2 cuillères à soupe de sauce soja coréenne

소금 약간
une pincée de sel

후춧가루 조금
une pincée de poivre noir moulu

물 2리터
2 litres d'eau

다시마 10g
10 grammes d'algue *dashima*

CONSEILS

* Vous n'êtes pas obligé d'utiliser de l'algue *dashima*.

준비 PRÉPARATION

- 갈비는 기름을 떼고 1시간 정도 찬물에 담가 핏물을 뺀다.
  Enlevez la graisse des côtes et faites tremper pendant 1 heure dans de l'eau froide pour les dégorger de leur sang.

요리 RECETTE

1

2

3

4

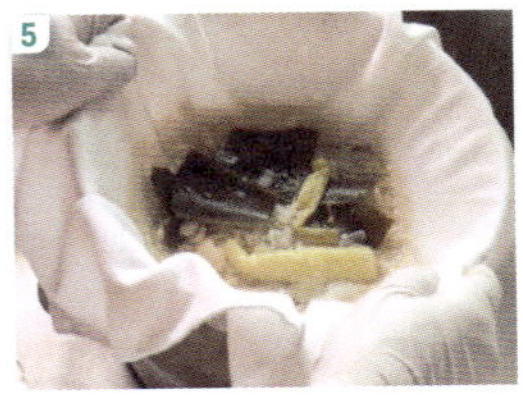
5

6

1 핏물을 뺀 소갈비를 끓는 물에 5분 정도 데친 후 깨끗하게 씻는다.
Après avoir blanchi les côtes de bœuf dans de l'eau bouillante pendant 5 minutes, lavez-les jusqu'à ce qu'elles soient propres.

2 큰 냄비에 크게 자른 무와 양파, 다시마, 마늘, 대파 2/3, 물을 넣고 끓인다.
Ajouter le radis coupé en gros morceaux, l'oignon, l'algue *dashima*, l'ail, les 2/3 de la ciboule et l'eau dans une grande casserole et faites bouillir.

3 물이 끓으면 갈비를 넣어 1시간 이상 갈비가 연해질 때까지 끓인다.
Une fois que l'eau bout, ajoutez les côtes et continuez à bouillir pendant au moins 1 heure jusqu'à ce que les côtes soient tendres.

4 갈비는 건져 내고, 무는 건져서 3×4cm 정도의 크기로 얇게 썬다.
Retirez les côtes, puis coupez le radis en fines tranches de 3×4 cm.

5 육수를 면포에 걸러서 간장과 소금으로 간을 맞춘다.
Filtrez le bouillon à travers un tissu poreux, puis ajoutez la sauce soja et le sel pour assaisonner.

6 냄비에 갈비와, 무를 넣고 육수를 부어 5분 정도 끓여서, 그릇에 담아 송송 썬 대파를 얹고 후춧가루를 뿌린다.
Mettez les côtes lavées et le radis dans une casserole, versez le bouillon et faites bouillir pendant 5 minutes, puis mettez dans un bol, mettez la ciboule tranchée sur le dessus et saupoudrez de poivre noir moulu.

Vocabulaire

Audio 065

재료 INGRÉDIENTS

소갈비 [sogalbi]
côtes de bœuf

note
On utilise les côtes de bœuf pour différents plats élaborés comme le *galbijjim* et le *galbigui*. On sert ces plats à base de côtes de bœuf les jours fériés ou festifs.

무 [mu]
radis

note
Aux côtés du chou chinois, le radis est un ingrédient représentatif de la cuisine coréenne. On l'utilise de diverses manières dans les jardinières de légumes, les soupes, les plats grillés, etc.

Audio 066

요리 RECETTE

Forme infinitive	Signification	Exemples
빼다 [ppaeda]	enlever, retirer ➡	• 핏물을 **뺀** 소갈비를 넣어요. Ajoutez les côtes de bœuf dépourvues de sang. • 다시마가 없으면 재료에서 **빼세요.** Si vous n'avez pas d'algue *dashima*, retirez-la des ingrédients.
떼다 [tteda]	ôter, enlever ➡	• 갈비의 기름을 **떼세요.** Retirez la graisse des côtes. • 기름을 **떼고** 사용하세요. Enlevez la graisse et utilisez-la dans la préparation.
씻다 [ssit-tta]	laver ➡	• 채소를 **씻어서** 물기를 제거하세요. Lavez les légumes et égouttez l'eau. • 갈비를 물에 **씻으세요.** Lavez les côtes à l'eau.

Parlons coréen !

어디 있어요?

Audio 067

A 소금 어디 있어요? Où est le sel ?

B 여기 있어요. Il est ici.

어디 est un pronom interrogatif signifiant « où », qu'on utilise dans la structure N 어디 있어요 ? pour demander l'emplacement ou la localisation d'une personne ou d'un objet. Vous pouvez utiliser 여기/거기/저기 있어요 comme réponse, avec 여기 « ici » indiquant un emplacement proche du locuteur, 거기 « là » indiquant un emplacement près de l'auditeur et 저기 « là-bas » indiquant un emplacement éloigné des deux.

Exercice

A **무 어디 있어요?** Où est le radis.

B **여기 있어요.** Il est ici.

거기 | 저기

식탁 위에 있어요.

Audio 068

A 냄비 어디 있어요? Où est le fait-tout ?

B 식탁 위에 있어요. Il est sur la table.

Lorsque vous avez besoin de spécifier l'emplacement en réponse à 어디 있어요 ? vous pouvez utiliser la forme « 위/아래/안/밖 + 에 있어요 ». 위/아래/안/밖 qui signifie respectivement « au-dessus », « en dessous », « dans / à l'intérieur » et « à l'extérieur », sans oublier de leur attacher 에, la particule locative qui signifie « à / à la / au »

Exercice

A **마늘 샀어요? 어디 있어요?** Vous avez acheté de l'ail ? Où se trouve-t-il ?

B **상자 위에 있어요.** Il est sur le dessus de la boîte.

아래에 | 안에 | 밖에

갈비구이

Galbigui

Vidéo 018

• GALBIGUI •

Le *galbigui* est un plat de côtes de bœuf finement tranchées et étalées dans une marinade à base de sauce soja, puis grillées sur du charbon de bois. L'assaisonnement est presque le même que celui du *bulgogi*, mais la texture et le goût diffèrent du fait de la différence des viandes. Lorsqu'il est cuit sur du charbon de bois, l'arôme de ce dernier imprègne la viande et rehausse sa saveur, tandis que la cuisson à la poêle, la marinade étant entièrement absorbée, approfondit les saveurs sucrées et salées.

재료 INGRÉDIENTS

2-3인분 Pour 2-3 personnes

소갈비 (LA갈비) 1kg
1 kilogramme de côtes levées de bœuf

간장 5큰술
5 cuillères à soupe de sauce soja

설탕 2큰술
2 cuillères à soupe de sucre

마늘 3–5개 (10g)
3-5 gousses (10 grammes) d'ail

대파 60g
60 grammes de ciboule

양파 1개
1 oignon

참기름 1큰술
1 cuillère à soupe d'huile de sésame

후춧가루 조금
une pincée de poivre noir moulu

배 1개
1 poire

CONSEILS

* Vous n'êtes pas obligé d'utiliser de la poire coréenne.

준비 PRÉPARATION

- 소갈비는 1cm 정도로 뼈째 가로로 썬 것(LA 갈비)을 준비한다.
  Préparez des côtes courtes de bœuf de 1 cm coupées horizontalement.
- 양파(배 또는 사과)는 강판에 갈거나 믹서기에 갈아서 체에 걸러 즙만 사용한다.
  Râpez l'oignon (ou la poire coréenne / la pomme) avec une râpe ou broyez dans un mixeur, puis filtrez et utilisez uniquement le liquide.

요리 RECETTE

1. 갈비는 기름 덩어리를 제거하고 찬물에 30분 정도 담가 핏물을 빼고 깨끗하게 씻는다.
   Enlevez le gras des côtes, faites tremper dans de l'eau froide pendant 30 minutes, dégorgez le sang et rincez pour nettoyer.
2. 양파즙이나 배즙에 갈비를 20분 이상 재워 둔다.
   Laissez mariner les côtes dans du jus d'oignon ou de poire pendant au moins 20 minutes.
3. 대파와 마늘은 곱게 다진다.
   Hachez finement la ciboule et l'ail.
4. 간장, 설탕, 참기름, 다진 파, 다진 마늘, 후춧가루를 섞어 양념장을 만든다.
   Mélangez la sauce soja, le sucre, l'huile de sésame, la ciboule hachée, l'ail broyé et le poivre noir moulu pour faire la marinade.
5. 재워 둔 갈비에 양념장을 골고루 발라 주고 30분 이상 재워 둔다.
   Étalez la marinade uniformément sur les côtes levées et laissez mariner pendant au moins 30 minutes.
6. 팬에 갈비를 올리고 양념장 1큰술, 물 3큰술 정도를 부어 졸이듯이 굽는다.
   Mettez les côtes levées dans une casserole, versez 1 cuillère à soupe de marinade et 3 cuillères à soupe d'eau et faites mijoter.

Vocabulaire

Audio 069

재료 INGRÉDIENTS

LA 갈비 [LA galbi]
côtes levées de bœuf

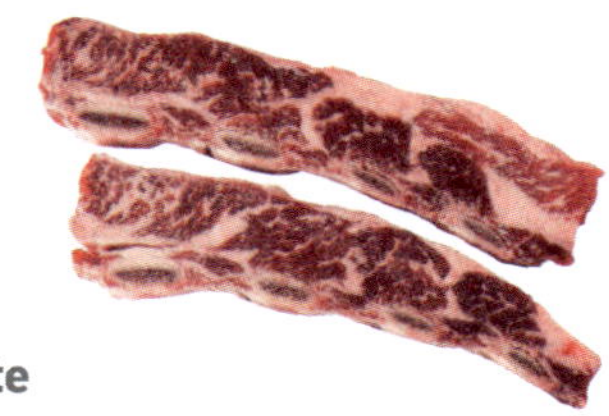

note
Les côtes courtes de bœuf sont coupées perpendiculairement à l'os, de sorte que la viande est attachée à de fines sections d'os. Comme les os des côtes sont minces, ils sont souvent utilisés dans le *galbigui*.

배 [bae]
poire coréenne

note
Les poires coréennes sont un fruit rafraîchissant au goût sucré. On utilise souvent leur jus en marinade pour attendrir la viande.

Audio 070

요리 RECETTE

Forme infinitive	Signification	Exemples
제거하다 [jegeohada]	retirer ➡	• 국물이 끓을 때 거품을 **제거하세요.** Lorsque le bouillon parvient à ébullition, retirez les bulles grasses. • 뼈에 붙은 기름을 **제거하고** 요리하세요. Retirez la graisse des os et faites cuire.
갈다 [galda]	râper ➡	• 배를 강판에 **갈아서** 사용해요. Râpez et utilisez les poires coréennes. • 과일을 믹서기에 **가세요.** Râpez les fruits dans un mixeur.
졸이다 [jorida]	mijoter ➡	• 갈비를 **졸이듯이** 구우세요. Faites griller les côtes pour qu'elles mijotent. • 국물이 걸쭉할 때까지 **졸이세요.** Faites mijoter le bouillon jusqu'à ce qu'il épaississe.

Parlons coréen !

갈비구이 만들어요.

Audio 071

A 뭐 만들어요? Qu'est-ce que vous préparez ?

B 갈비구이 만들어요. Je fais du *galbigui*.

La terminaison du présent en style poli est –아/어요. On utilise –아요 si la voyelle de la base verbale ou adjectivale est ouverte et –어요 si la voyelle de la base est fermée. C'est le présent le plus utilisé en coréen dans la vie courante en dehors de la vie professionnelle.

V/A base avec ㅏ/ㅗ + –아요: 갈(다) + –아요 → 갈아요
V/A base avec d'autres voyelles + –어요: 줄이(다) + –어요 → 줄이어요 → 줄여요
하다 → 해요: 제거하(다) → 제거해요

Exercice

✦ 지금 집에 가요. Je rentre chez moi maintenant.

✦ 마늘을 곱게 다져요. Je hache finement l'ail.

✦ 고기의 기름을 제거해요. J'enlève le gras de la viande.

점심을 먹어요.

Audio 072

A 뭐 해요? Qu'est-ce que vous faites ?

B 점심을 먹어요. Je déjeune.

을/를 est un marqueur d'objet qui indique que le nom est le complément du verbe.

Consonne finale O + 을: 밥을 국을
Consonne finale X + 를: 갈비를 김치를

Exercice

A 뭐 해요? Qu'est-ce que vous faites ?

B 배를 갈아요. Je suis en train de râper la poire.

떡볶이를 먹다 | 육수를 끓이다 | 한국 음식을 요리하다

갈비찜

Galbijjim

Vidéo 019

GALBIJJIM

Le *galbijjim* est un plat composé de côtes de bœuf ou de porc assaisonnées de sauce soja et mijotées jusqu'à ce qu'elles soient tendres, avec des radis, des carottes et des champignons *shiitake*. Les côtes courtes, en particulier les côtes courtes de bœuf, sont le morceau le plus cher du bœuf coréen, et parce que la viande provenant des côtes de bœuf a un goût particulier, le *galbijjim* est considéré comme un plat de haute gastronomie. C'est pourquoi on mange ce plat lors des fêtes, des anniversaires et des occasions spéciales.

재료 INGRÉDIENTS

2-3인분 Pour 2-3 personnes

소갈비 1kg
1 kilogramme de côtes de bœuf

대파10g
10 grammes de ciboule

무 150g
150 grammes de radis

당근 1/2개
1/2 carotte

표고버섯 2–3개
2-3 champignons *pyogo*

물 5컵
5 verres doseurs d'eau

생밤 5–6개
5-6 châtaignes crues

양파 1개
1 oignon

배 또는 사과 1개
1 poire ou pomme

Sauce & Marinade

간장 6큰술
6 cuillères à soupe de sauce soja

설탕 2큰술
2 cuillères à soupe de sucre

다진 마늘 1큰술
1 cuillère à soupe d'ail écrasé

다진 대파 1큰술
1 cuillère à soupe de ciboule émincée

참기름 1큰술
1 cuillère à soupe d'huile de sésame

후춧가루 조금
une pincée de poivre noir moulu

Conseils

* Vous n'êtes pas obligé d'utiliser des châtaignes.

* Râpez l'oignon (ou la poire ou la pomme) avec une râpe ou un mixeur, filtrez et utilisez uniquement le liquide.

준비 PRÉPARATION

- 갈비는 찬물에 1시간 이상 담가 핏물을 빼야 되며, 중간에 2–3번 물을 바꾼다.
  Les côtes de bœuf doivent être trempées dans de l'eau froide pendant au moins 1 heure pour les laisser dégorger de leur sang en renouvelant l'eau 2 à 3 fois pendant ce processus.
- 핏물을 뺀 갈비는 끓는 물에 5분 정도 삶은 후 찬물에서 뼈에 붙은 불순물을 깨끗하게 씻어 낸다. Après avoir fait bouillir les côtes de bœuf dégorgées du sang pendant 5 minutes dans de l'eau bouillante, lavez-les à l'eau claire pour enlever tout reste de matière attaché à l'os.

요리 RECETTE

1 양파즙(배즙 또는 사과즙)에 손질한 갈비를 넣고 30분 정도 재워 둔다.
Mettez les côtes de bœuf préparées dans le jus d'oignon (ou de poire ou de pomme) et laissez mariner pendant 30 minutes.

2 무와 당근은 한입 크기로 썰고 가장자리를 둥글게 깎는다. 표고버섯은 한입 크기로 썰고 대파는 어슷썰기 한다.
Coupez le radis et la carotte en rondelles de la taille d'une bouchée. Coupez les champignons *pyogo* en morceaux de la taille d'une bouchée et tranchez la ciboule à l'oblique.

3 그릇에 양념장 재료를 모두 넣고 잘 섞는다.
Mettez tous les ingrédients de la marinade dans un bol et mélangez bien.

4 냄비에 재워 둔 갈비, 양념장 2/3, 물 5컵을 넣고 센 불에서 끓이다가 국물이 끓으면 중불에서 1시간 정도 끓이면서 위에 뜬 기름을 걷어 낸다.
Dans une casserole, ajoutez les côtes de bœuf marinées, les 2/3 de la marinade et 5 verres d'eau. Portez à ébullition à feu vif. Réduisez à feu moyen et laissez mijoter pendant une heure, en retirant la graisse qui remonte à la surface.

5 갈비가 연하게 무르면 무, 당근, 버섯, 밤과 남은 양념장을 넣고 20분 정도 더 끓인다. Une fois les côtes de bœuf tendres, ajoutez le radis, la carotte, les champignons, les châtaignes et le reste de la marinade. Laissez mijoter pendant 20 minutes supplémentaires.

6 어슷썰기 한 대파를 넣고 고루 섞어 불을 끄고 완성한다.
Ajoutez la ciboule tranchée à l'oblique, mélangez uniformément, éteignez le feu et servez.

Vocabulaire

Audio 073

재료 INGRÉDIENTS

밤 [bam]
châtaigne

note
On utilise des châtaignes pour donner un supplément de goût à certains plats comme le *galbijjim*, mais on les utilise aussi crues, grillées ou cuites à la vapeur comme collation.

사과 [sagwa]
pomme

note
Les pommes sont consommées telles quelles, mais sont également utilisées dans les plats de viande au lieu de la poire afin d'attendrir la viande.

Audio 074

요리 RECETTE

Forme infinitive	Signification	Exemples
삶다 [samtta]	bouillir	• 냄비에 물을 붓고 콩을 **삶으세요.** Versez de l'eau dans la casserole et faites bouillir les haricots. • 갈비를 **삶아서** 찬물에 씻어요. Faites bouillir les côtes et lavez à l'eau froide.
깎다 [kkaktta]	couper, peler	• 당근을 둥글게 **깎으세요.** Coupez les carottes en rondelles. • 사과를 **깎아 주세요.** Épluchez la pomme.
거두다 [geoduda]	recueillir, écumer	• 국물을 끓이면서 기름을 **거두세요.** Recueillez l'huile pendant que vous faites bouillir le bouillon. • 거품을 **거두고** 약불에서 끓이세요. Écumez les bulles grasses et faites bouillir à feu doux.

Parlons coréen !

불을 줄이세요.

Audio 075

A 국물이 끓어요. Le bouillon est en ébullition.

B 그럼, 불을 줄이세요. Alors, réduisez le feu.

-(으)세요 est attaché après le radical du verbe et peut être utilisé pour demander à une autre personne d'effectuer une action ou pour donner des instructions. C'est l'équivalent de l'impératif français.

Consonne finale O + **-으세요**: 깎(다) + -으세요 → 깎으세요

Consonne finale X + **-세요**: 줄이(다) + -세요 → 줄이세요

Exercice

- 갈비를 삶으세요. Faites bouillir les côtes.
- 대파를 다지세요. Hachez la ciboule.
- 기름을 걷으세요. Recueillez l'huile.

얼마나 넣어요?

Audio 076

A 물을 얼마나 넣어요? Quelle quantité d'eau dois-je ajouter ?

B 다섯 컵 넣으세요. Ajoutez 5 verres doseurs.

얼마 « combien » est un pronom interrogatif utilisé dans une phrase interrogative pour poser des questions sur la quantité ou le degré de quelque chose. Le 나 dans 얼마나 a pour fonction de renforcer la signification et de préciser l'objet de la question. Le 컵 dans 다섯 컵 est un quantificateur indiquant une unité de mesure. On l'utilise pour compter en coréen des objets ou des personnes « nombre + quantificateur ».

Exercice

A 마늘을 얼마나 넣어요? Quelle quantité d'ail dois-je ajouter ?

B 다섯 개 넣으세요. Ajoutez cinq gousses.

A 얼마나 삶아요? Combien de temps dois-je laisser bouillir ?

B 5분 삶으세요. Faites bouillir pendant 5 minutes.

장조림

Jangjorim

Vidéo 020

• JANGJORIM •

Le *jangjorim* est un plat d'accompagnement à base de bœuf ou de porc coupé en gros morceaux et mijoté dans de la sauce soja et du sucre. Les gros morceaux de viande sont effilochés et servis avec de la sauce soja en accompagnement, et comme le bouillon de viande, la sauce soja et le sucre mijotent ensemble pour créer une saveur harmonieuse, votre bol de riz ne fera pas long feu.

재료 INGRÉDIENTS

2-3인분 Pour 2-3 personnes

소고기 300g
300 grammes de bœuf

양파 1/2개
1/2 oignon

마늘 10개
10 gousses d'ail

간장 6큰술
6 cuillères à soupe de sauce soja

설탕 1/2큰술
1/2 cuillère à soupe de sucre

물 5컵 (1리터)
5 verres doseurs d'eau
(1 litre d'eau)

표고버섯 2개
2 champignons *pyogo*

대파 1/2대
1/2 ciboule

월계수잎 3-4장
3-4 feuilles de laurier

준비 PRÉPARATION

- 소고기는 양지나 사태, 홍두깨살을 사용하는 것이 좋으며, 기름이 적은 부위로 준비한다.
  Préparez un morceau de bœuf avec peu de gras. La poitrine, le jarret et l'œil de rond sont tous de bons choix.

- 고기의 잡냄새를 없애기 위해 고기를 삶을 때 통후추, 생강 등을 사용할 수 있다.
  Pour enlever son odeur à la viande de bœuf, utilisez des grains de poivre entiers ou du gingembre pendant l'ébullition.

요리 RECETTE

1

2

3

4

5
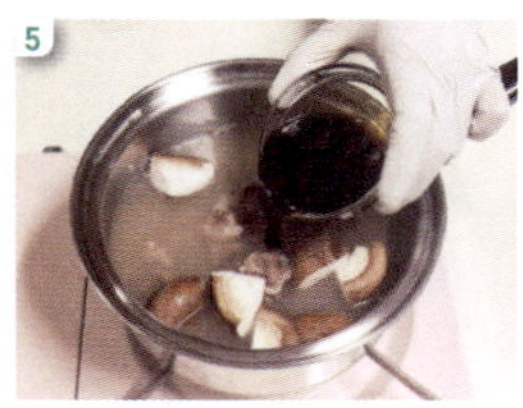
6

1 소고기는 찬물에 1시간 정도 담가 핏물을 빼고 깨끗이 씻는다.
Faites tremper le bœuf dans de l'eau froide pendant 1 heure, laissez dégorger le sang de la viande et rincez-la proprement.

2 표고버섯은 기둥을 떼고 2등분 또는 4등분하고 마늘은 그대로 또는 반만 자른다.
Retirez les pieds des champignons *pyogo*, coupez-les en moitiés ou en quartiers et utilisez des gousses d'ail entières ou coupées en deux.

3 냄비에 물 5컵, 소고기, 대파, 양파, 월계수잎을 넣고 중약불에서 거품을 제거하며 30분 정도 끓인다.
Mettez 5 verres doseurs d'eau, du bœuf, de la ciboule, de l'oignon et du laurier dans une casserole et faites bouillir à feu moyen-doux pendant 30 minutes, en écumant au fur et à mesure.

4 육수는 체에 거르고, 고기는 식혀서 먹기 좋은 크기로 결대로 찢거나 자른다.
Filtrez le bouillon, refroidissez la viande et effilochez la viande en morceau.

5 냄비에 육수 0.5리터, 소고기, 표고버섯, 간장, 설탕을 넣고 15분 정도 끓인다.
Mettez un demi-litre de bouillon, de bœuf, de champignons *pyogo*, de sauce soja et de sucre dans une casserole et faites bouillir pendant 15 minutes.

6 마지막으로 마늘을 넣고 15분 정도 더 끓여 완성한다.
Enfin, ajoutez l'ail et complétez en laissant bouillir pendant 15 minutes supplémentaires.

Vocabulaire

Audio 077

재료 INGRÉDIENTS

홍두깨살 [hongdukkaessal]
œil de rond

note
Comme l'œil de rond n'a presque pas de graisse, c'est un ingrédient utilisé lorsque l'on prépare des plats de viande effilochée, tels que le *jangjorim*, le *yukgaejang* et le *yukpo*.

육수 [yukssu]
bouillon de viande

note
La nourriture coréenne comprend de nombreux plats de soupe utilisant du bouillon, et selon les ingrédients utilisés, il y a des bouillons de viande, des bouillons d'anchois, des bouillons de légumes, etc.

Audio 078

요리 RECETTE

Forme infinitive	Signification		Exemples
적다 [jeoktta]	petit, peu	➡	• 간장의 양이 조금 **적어요.** La quantité de sauce soja est un peu faible. • 지방이 **적은** 고기를 준비하세요. Préparez de la viande avec peu de graisse.
차다 [chada]	froid	➡	• 음식이 식어서 너무 **차요.** La nourriture s'est refroidie et est trop froide. • **찬** 육수를 사용하세요. Utilisez du bouillon froid.
좋다 [jota]	bon	➡	• 음식은 **좋은** 재료를 사용해야 돼요. La nourriture doit être préparée avec de bons ingrédients. • 월계수잎을 사용하면 **좋아요.** C'est bien si vous utilisez des feuilles de laurier.

Parlons coréen !

마늘요.

Audio 079

A 뭐가 필요해요? De quoi avez-vous besoin ?

B 마늘요. D'ail.

« N + 요 » est utilisé pour répondre simplement et poliment à une question. 마늘요 est le raccourci de l'expression plus complète 마늘이 필요해요 « J'ai besoin d'ail. »

Exercice

A **뭐가 필요해요?** De quoi avez-vous besoin ?
B **간장요.** De sauce soja.

설탕 | 대파

A **어디 가요?** Où allez-vous ?
B **시장요.** Au marché.

학교 | 은행

몇 개 필요해요?

Audio 080

A 몇 개 필요해요? Combien vous en faut-il ?

B 다섯 개 필요해요. Il m'en faut 5.

몇, qui signifie « combien », est utilisé pour demander une quantité. 개 est un quantificateur pour compter des objets. En conséquence, vous pouvez utiliser l'expression 몇 개~ ? lorsque vous posez des questions sur le nombre d'éléments.

Ex **몇 개 필요해요? / 있어요? / 넣어요?**

5	6	7	8	9	10	+ 개
다섯	여섯	일곱	여덟	아홉	열	

* Lorsque 하나/둘/셋/넷 précèdent 개, ils deviennent respectivement 한/두/세/네.

Exercice

A **표고버섯이 몇 개 있어요?** Il y a combien de champignons ?
B **네 개요. (= 네 개 있어요.)** Quatre. (= Il y en a quatre.)

두 개 | 다섯 개 | 열 개

소고기뭇국

Sogogi-mutguk

Vidéo 021

• SOGOGI-MUTGUK •

Le *sogogimukguk* est une soupe à base de bouillon de bœuf et de radis.
Il peut être consommée en toutes saisons, mais surtout en hiver,
lorsque le radis a un goût sucré et donne au *sogogomukguk* un meilleur goût.
Il n’est pas trop épicé, même les enfants peuvent en manger.
Les Coréens en consomment régulièrement au quotidien.

재료 INGRÉDIENTS

2-3인분 Pour 2-3 personnes

소고기 (양지머리) 200g
200 grammes de poitrine de bœuf

무 200g
200 grammes de radis

물 6컵
6 verres doseurs d'eau

국간장 2큰술
2 cuillères à soupe de sauce soja coréenne

대파 20g
20 grammes de ciboule

참기름 1큰술
1 cuillère à soupe d'huile de sésame

다진 마늘 1/2큰술
1/2 cuillère à soupe d'ail écrasé

소금 1/2작은술
1/2 cuillère à café de sel

후춧가루 조금
une pincée de poivre noir moulu

CONSEILS

* Parce que la poitrine prend plus de temps que les autres pièces de viande à infuser avec la soupe, elle doit être bouillie pendant 5-10 minutes de plus à l'étape 4.

준비 PRÉPARATION

- 소고기는 양지머리를 사용하는 것이 국물 맛이 더욱 좋지만, 다른 부위를 사용해도 된다.
  L'utilisation de poitrine de bœuf donnera au bouillon un meilleur goût, mais d'autres pièces de viande peuvent également être utilisées.

요리 RECETTE

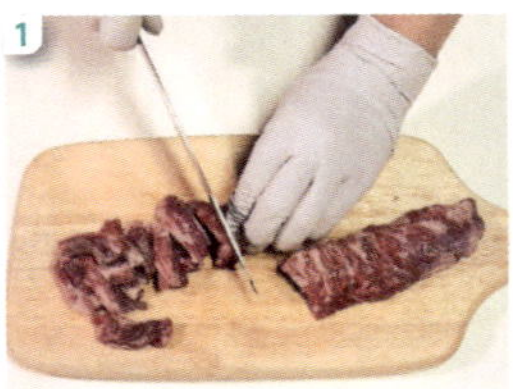

1 소고기는 먹기 좋은 크기로 썬다.
Coupez le bœuf en morceaux de la taille d'une bouchée.

2 무는 3×3cm 정도의 크기로 나박썰기 하고 대파는 어슷썰기 한다.
Coupez le radis en fins carrés de 3×3 cm et tranchez la ciboule à l'oblique.

3 냄비에 참기름을 두르고 소고기를 넣어 중불에서 2-3분 정도 볶는다.
Enduisez une casserole d'huile de sésame, ajoutez le bœuf et faites revenir pendant 2-3 minutes à feu moyen.

4 3에 물 6컵을 붓고, 국간장과 무를 넣어 한소끔 끓어 오르면 중약불로 줄이고 20분 정도 무가 익을 때까지 끓인다.
Versez 6 verres doseurs d'eau à l'étape 3, ajoutez la sauce soja et le radis à la coréenne et portez à ébullition. Une fois l'ébullition atteinte, réduisez le feu à moyen-doux et laissez mijoter pendant encore 20 minutes jusqu'à ce que le radis soit cuit.

5 무가 익으면 대파와 다진 마늘을 넣고 소금으로 간을 맞추어 5분 정도 더 끓인다.
Lorsque le radis est cuit, ajoutez la ciboule et l'ail écrasé, aromatisez avec du sel au goût et laissez bouillir pendant encore 5 minutes.

6 불을 끄고 소고기뭇국 그릇에 담고 후춧가루를 넣어 마무리한다.
Éteignez le feu, mettez le *sogogi-mutguk* dans un bol, ajoutez du poivre noir moulu et servez.

Vocabulaire

재료 INGRÉDIENTS

Audio 081

국간장 [guk-kkanjang]
sauce soja coréenne

note
La sauce soja coréenne est issue du trempage d'un bloc de fèves de soja fermentées sur lequel on a versé de l'eau salée. Elle est également appelée « sauce soja traditionnelle » ou « sauce soja Joseon ». Elle est utilisée pour aromatiser les ragoûts ou les soupes.

양지머리 [yangjimeori]
poitrine de bœuf

note
La poitrine de bœuf est dure et peu grasse, mais est souvent utilisée pour faire du bouillon parce qu'elle a la forte saveur de la protéine de viande.

요리 RECETTE

Audio 082

Forme infinitive	Signification		Exemples
붓다 [mais-tta]	verser	➡	• 소고기를 볶다가 물을 **부으세요.** Faites revenir le bœuf, puis versez l'eau. • 육수를 **붓고** 양념을 넣으세요. Versez le bouillon et ajoutez la marinade.
우러나다 [ureonada]	infuser	➡	• 오래 끓여야 고소한 맛이 **우러나요.** Il faut faire bouillir longtemps pour infuser le goût de viande de bœuf. • 깊은 맛이 **우러나서** 더 맛있어요. C'est meilleur parce que le goût profond a infusé.
걸리다 [geollida]	prendre (temps)	➡	• 이건 시간이 오래 **걸리는** 음식이에요. C'est un plat qui prend beaucoup de temps à préparer. • 국물을 끓이는 데 30분쯤 **걸려요.** Il faut environ 30 minutes pour faire bouillir la soupe.

Parlons coréen !

안 매워요.

Audio 083

A 이 음식 매워요? Ce plat est-il épicé ?

B 아니요, 안 매워요. Non, ce n'est pas épicé.

안 est un adverbe négatif utilisé pour indiquer un sens négatif, et il est utilisé avant les verbes et les adjectifs.

Ex adjectif : 안 매워요 안 예뻐요.
Verbe : 안 만들어요. 안 넣어요.

Exercice

A **끓어요?** Est-ce que ça bout ?

B **아니요, 안 끓어요.** Non, ça ne bout pas.

A **볶아요?** Faut-il le faire revenir ?

B **아니요, 안 볶아요.** Non, ce n'est pas le cas.

국물만 더 주세요.

Audio 084

A 더 드릴까요? Dois-je vous en donner un peu plus ?

B 네, 국물만 더 주세요. Oui, s'il vous plaît, donnez-moi un peu plus de soupe seulement.

만 est attaché après un nom et est utilisé pour indiquer une limite. Il peut être utilisé comme « seulement » ou « juste ». 더, avec le sens de « plus », signifie que quelque chose dépasse une norme.

Ex 사과만 김치만 철수 씨만

Exercice

A **한국 음식 좋아해요?** Aimez-vous la cuisine coréenne ?

B **저는 김치만 좋아해요.** Je n'aime que le *kimchi*.

잡채 | 김치찌개 | 닭갈비

고추장불고기

Gochujangbulgogi

Vidéo 022

GOCHUJANGBULGOGI

Le porc est coupé en fines tranches, mariné dans du *gochujang* et d'autres épices, puis grillé. Le *gochujang* enlève l'odeur caractéristique du porc et, combiné à la graisse du sauté, attendrit la viande. Lorsque la viande marinée est sautée à feu moyen, le *gochujang* dégage une saveur épicée attrayante qui n'est pas trop forte et qui invite à en redemander.

재료 INGRÉDIENTS

2-3인분 Pour 2-3 personnes

돼지고기 400g
400 grammes de porc

양파 1/2개
1/2 oignon

대파 50g
50 grammes de ciboule

풋고추 1개
1 piment vert

마늘 3개
3 gousses d'ail

식용유 1큰술
1 cuillère à soupe d'huile de cuisson

Sauce & Marinade

고추장 1큰술
1 cuillère à soupe de *gochujang*

간장 1큰술
1 cuillère à soupe de sauce soja

고춧가루 1큰술
1 cuillère à soupe de poudre de piment

설탕 1큰술
1 cuillère à soupe de sucre

다진 마늘 1큰술
1 cuillère à soupe d'ail écrasé

참기름 1/2큰술
1/2 cuillère à soupe d'huile de sésame

후춧가루 조금
une pincée de poivre noir moulu

준비 PRÉPARATION

- 돼지고기는 목살이나 삼겹살이 좋으며 불고기용으로 얇게 썰은 것을 준비하여 적당한 크기로 썬다.
Vous pouvez utiliser de l'épaule ou de la poitrine de porc. Préparez la viande en l'éminçant finement et en la coupant en morceaux de la taille d'une bouchée.

요리 RECETTE

1 양파는 채썰기 하고, 풋고추는 어슷썰기, 마늘은 편 썰기 한다. 대파는 반으로 나누어 반은 어슷썰기하고, 반은 다지기 한다.
Émincez l'oignon, coupez le piment vert à l'oblique et tranchez finement l'ail. Divisez la ciboule en deux, coupez une moitié à l'oblique et émincez l'autre moitié.

2 큰 그릇에 양념장 재료를 모두 넣고 양념장을 만든다.
Ajoutez tous les ingrédients de la marinade dans un grand bol et préparez la marinade.

3 양념장에 돼지고기와 양파를 넣고 섞어서 20분 정도 재워 둔다.
Ajoutez le porc et l'oignon à la marinade, mélangez et laissez mariner pendant 20 minutes.

4 팬에 기름을 두르고 중약불에서 다진 파와 편 썰기 한 마늘을 넣어 볶는다.
Versez une fine couche d'huile dans le fond d'une poêle et, à feu moyen-doux, ajoutez la ciboule émincée, l'ail tranché et faites revenir.

5 파와 마늘이 노릇하게 익으면 재워 둔 돼지고기, 양파와 풋고추를 넣고 중불에서 볶는다.
Lorsque la ciboule et l'ail sont dorés et légèrement dorés, ajoutez le porc, l'oignon et le piment vert marinés et faites revenir à feu moyen.

6 돼지고기가 익으면 대파를 넣고 센 불에서 1분 정도 더 볶아 완성한다.
Lorsque le porc est cuit, ajoutez la ciboule et faites revenir pendant une minute à feu vif pour compléter.

Vocabulaire

재료 INGRÉDIENTS

Audio 085

삼겹살 [sapgyeopssal]
poitrine de porc

note
La poitrine de porc est une pièce de viande avec une alternance de viande maigre et de gras, et parce qu'elle est très grasse, elle a un goût savoureux. Dans la cuisine coréenne, elle est consommée grillée, ou comme *pyeonyuk* (tranches de porc bouillies), mais on la fait le plus souvent griller.

고추장 [gochujang]
gochujang
(pâte de piment rouge)

note
Le *gochujang* est une sauce coréenne fermentée, comme la sauce soja ou le *doenjang*. Parce qu'il contient de la poudre de piment, c'est l'un des nombreux assaisonnements épicés.

요리 RECETTE

Audio 086

Forme infinitive	Signification	Exemples
적당하다 [jeokdanghada]	être assez, approprié	• 삼겹살은 구워 먹기에 **적당해요.** La poitrine de porc est appropriée pour les grillades. • 돼지고기를 **적당한** 크기로 써세요. Coupez le porc en morceaux de taille appropriée.
크다 [keuda]	grand	• 사과보다 배가 더 **커요.** Les poires sont plus grosses que les pommes. • 양념장을 **큰** 그릇에 담으세요. Mettez la marinade dans un grand bol.
노릇하다 [noreutada]	jaunâtre, doré	• 파를 볶았더니 **노릇해졌어요.** Une fois qu'on fait revenir la ciboule, elle devient jaunâtre. • 두부를 **노릇하게** 지지세요. Faites frire le tofu jusqu'à ce qu'il soit doré.

Parlons coréen !

고추장불고기 어때요?

Audio 087

A 고추장불고기 어때요? Comment est le *gochujangbulgogi* ?

B 네, 좋아요. Il me plaît.

어때요 ? est utilisé pour suggérer quelque chose à une autre personne ou demander l'avis d'une autre personne. La particule après le nom est généralement omise, elle est donc utilisée sous la forme de N 어때요 ?

Ex 김밥 어때요? 볶음밥 어때요?

Exercice

A **뭐 먹을까요?** Que devrions-nous manger ?

B **갈비탕 어때요?** Que diriez-vous de *galbitang* ?

해물파전 | 한식

A **어디 갈까요?** Où devrions-nous aller ?

B **제주도 어때요?** Que diriez-vous de l'île de Jeju ?

놀이공원 | 바다

맵지만 맛있어요.

Audio 088

A 고추장불고기 맛있어요? Le *gochujangbulgogi* est-il délicieux ?

B 조금 맵지만 맛있어요. C'est un peu épicé, mais délicieux.

« V/A + –지만 » est une terminaison subordinative utilisée pour exprimer une concession. C'est l'équivalent en français de « bien que… ». En conséquence, la proposition qui suit –지만 indique une opposition.

Ex 맵(다) + –지만 → 맵지만
크(다) + –지만 → 크지만

Exercice

A **그 사과 맛있어요?** Cette pomme est-elle délicieuse ?

B **크지만 맛없어요.** Elle est peut-être grande mais pas délicieuse.

작다 / 맛있다

• DONGGEURANGTTAENG •

Le *donggurangtang* est un type de de *jeon* à base de porc ou de bœuf haché, de tofu et à de légumes hachés, façonné en galettes rondes frites après avoir été trempées dans un mélange d'œufs. Il est également connu sous le nom de *yukwonjeon* et *wanjajeon* en raison de sa forme ronde. Mangé chaud, le *donggeurangttaeng* est plein de jus, se marie bien avec les légumes et le tofu, et n'est pas gras. Il est généralement consommé comme plat d'accompagnement ou pour accompagner l'alcool, et c'est un type de *jeon* qui est souvent préparé à l'occasion des fêtes et des anniversaires.

재료 INGRÉDIENTS

3인분 Pour 3 personnes

돼지고기 400g
400 grammes de porc

두부 100g
100 grammes de tofu

양파 1/2개
1/2 oignon

당근 1/3개
1/3 carotte

대파 30g
30 grammes de ciboule

달걀 2개
2 œufs

풋고추 1개 또는 홍고추 1개
1 piment vert ou piment rouge

다진 마늘 1/2큰술
1/2 cuillère à soupe d'ail écrasé

간장 1큰술
1 cuillère à soupe de sauce soja

소금 1작은술
1 cuillère à café de sel

밀가루 2큰술
2 cuillères à soupe de farine

후춧가루 조금
une pincée de poivre noir moulu

식용유 적당량
une bonne quantité d'huile de cuisson

CONSEILS

* Le piment vert ou le piment rouge peuvent être omis.

준비 PRÉPARATION

- 돼지고기는 지방이 적은 부위를 선택하여 다져서 준비한다. 믹서기로 고기를 갈아서 사용해도 된다.
  Choisissez une pièce de porc avec peu de gras et préparez-la en la hachant. Vous pouvez également broyer la viande dans un mixeur.
- 돼지고기 대신 소고기를 사용해도 된다.
  Le bœuf peut être substitué au porc.

요리 RECETTE

1. 양파, 당근, 대파, 풋고추(또는 홍고추)는 작게 다진다.
   Émincez finement l'oignon, la carotte, la ciboule et le piment vert (ou piment rouge).
2. 두부는 면포 등을 사용하여 물기를 제거하고 칼등으로 으깬다.
   Utilisez un chiffon, pour enlever l'eau du tofu et écrasez-le avec le dos d'un couteau.
3. 볼에 돼지고기, 두부, 다진 채소, 간장, 소금, 다진 마늘, 후춧가루를 넣고 뭉쳐질 때까지 골고루 섞는다.
   Mettez le porc, le tofu, les légumes émincés, la sauce soja, le sel, l'ail écrasé et le poivre noir moulu dans un bol et mélangez uniformément jusqu'à ce qu'ils s'agglutinent.
4. 3단계의 반죽을 지름 4cm, 두께 0.5cm 정도로 둥글고 납작하게 모양을 빚는다.
   Façonnez le mélange de l'étape 3 en une forme ronde et plate de 4 cm de diamètre et 0,5 cm d'épaisseur.
5. 달걀에 소금을 넣고 풀어 놓고, 빚어 놓은 동그랑땡에 밀가루를 골고루 묻힌다.
   Salez et battez les œufs, et enrobez uniformément le *donggeurangttaeng* de farine.
6. 팬에 식용유를 두르고 동그랑땡에 달걀물을 입혀 중약불에서 노릇노릇하게 지진다.
   Enduisez le fond d'une poêle d'huile de cuisson, trempez le *donggeurangttaeng* dans le mélange d'œufs et faites frire de feu fort à moyen-doux.

Vocabulaire

재료 INGRÉDIENTS

Audio 089

돼지고기 [dwaejigogi]
porc

note
Le porc est très gras, mais comparé au bœuf, il est bon marché et servait autrefois de source de nutriments pour les gens modestes. Il est utilisé grillé, pour le *pyeonyuk*, dans le *gochujangbulgogi*, etc.

홍고추 [hong-gochu]
piment rouge

note
Les piments rouges séchés et bien mûrs sont utilisés pour ajouter une saveur épicée aux plats cuits à la vapeur, aux émincés, etc. Ils sont également broyés en poudre de piment rouge, un ingrédient commun dans la cuisine coréenne.

요리 RECETTE

Audio 090

Forme infinitive	Signification		Exemples
으깨다 [eukkaeda]	écraser	➡	• 두부를 곱게 **으깨세요.** Écrasez finement le tofu. • 두부를 **으깨서** 넣으세요. Écrasez et ajoutez le tofu.
빚다 [bit-tta]	façonner	➡	• 둥글납작하게 모양을 **빚으세요.** Donnez-leur une forme ronde et plate. • 송편을 **빚어서** 찜통에 찌세요. Façonnez le *songpyeon* et faites cuire à la vapeur dans un cuiseur à vapeur.
둥글다 [fumier]	rond	➡	• **둥근** 접시에 담아 주세요. Disposez-le sur une assiette ronde. • 반죽을 **둥글게** 만드세요. Façonnez la pâte en ronds.

Parlons coréen !

동그랗게 만들어요.

Audio 091

A 어떻게 만들어요? Comment dois-je faire cela ?

B 동그랗게 만들어요. Faites une forme ronde.

–게 est utilisé après un radical adjectival, et « A + –게 » modifie le verbe qui suit.

Ex 동그랗(다) + –게 → 동그랗게
예쁘(다) + –게 → 예쁘게

Exercice

A 어떻게 만들어요? Comment dois-je faire cela ?

B 길게 만들어요. Faites une forme allongée.

작다 | 크다

불고기를 먹고 싶어요.

Audio 092

A 뭐 먹고 싶어요? Que voulez-vous manger ?

B 불고기를 먹고 싶어요. Je veux manger du *bulgogi*.

–고 싶어요 est utilisé pour signifier que vous voulez faire quelque chose. –고 est attaché après un radical verbal et est utilisé sous la forme « V + –고 싶다 ».

Ex 먹(다) + –고 싶다 → 먹고 싶다
만들(다) + –고 싶다 → 만들고 싶다

Exercice

A 뭐 하고 싶어요? Que veux-tu faire ?

B 불고기를 만들고 싶어요. Je veux faire du *bulgogi*.

영화를 보다 | 운동을 하다

삼계탕

Samgyetang

Vidéo 024

◆ SAMGYETANG ◆

On le prépare en farcissant de jeunes poulets avec du riz gluant, du ginseng, de l'ail et des dattes que l'on fait longtemps mijoter. C'est un plat populaire en Corée permettant de faire le plein de nutriments, lesquels font souvent défaut pendant les mois d'été où l'on transpire beaucoup. Il est considéré comme un aliment sain car il contient des protéines et d'autres nutriments bénéfiques pour le corps. Le ginseng est souvent omis sans altérer le goût, et l'on peut ajouter de l'ormeau pour plus de nutriments.

재료 INGRÉDIENTS

2인분 Pour 2 personnes

닭 1–2마리 (1.2–1.5kg)
1-2 poulets (1,2-1,5 kilogrammes)

찹쌀 6큰술
6 cuillères à soupe de riz gluant

마늘 10개
10 gousses d'ail

대추 6개
6 jujubes

인삼 2뿌리
2 racines de ginseng

물 1리터
1 litre d'eau

대파 20g
20 grammes de ciboule

소금 1큰술
1 cuillère à soupe de sel

후춧가루 조금
une pincée de poivre noir moulu

준비 PRÉPARATION

- 삼계탕은 600g 정도의 작은 닭을 사용하여 1인분으로 만든다. 따라서 2인분의 경우, 작은 닭 2마리 또는 1.3kg 정도의 닭 1마리를 준비하면 된다.
Un petit poulet de 600 grammes est suffisant pour un *samgyetang* pour 1 personne. En conséquence, si vous cuisinez pour 2, préparez 2 petits poulets ou 1 poulet d'environ 1,3 kilogramme.

요리 RECETTE

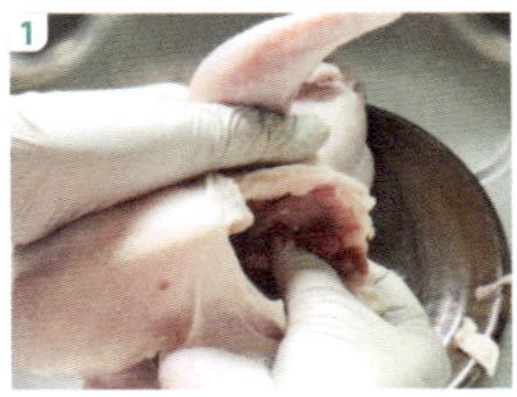

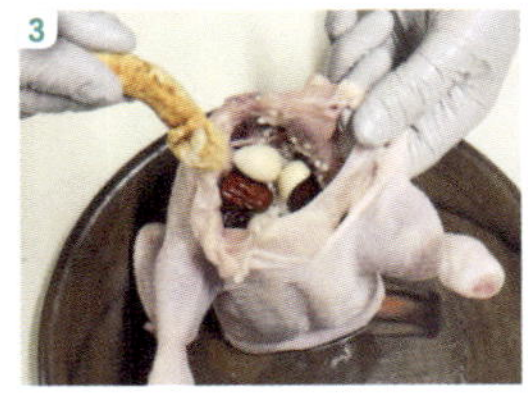
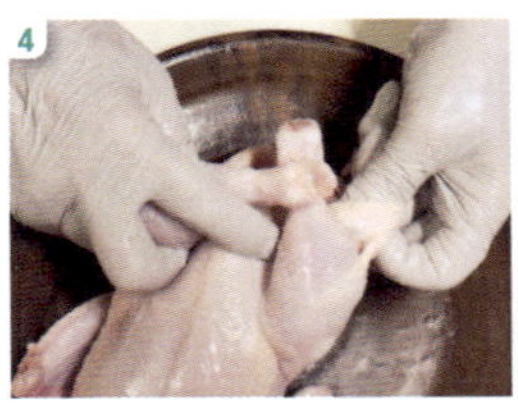

1 닭은 자르지 말고 통으로 사용하며 꽁지를 자르고 배 속의 지방과 내장을 깨끗하게 제거한다. Ne coupez pas le poulet – utilisez-le entier. Coupez la queue et retirez proprement la graisse et les entrailles du poulet.

2 찹쌀(또는 멥쌀)은 미리 물에 불려 두고, 대파는 송송 썬다. 대추와 마늘, 인삼은 깨끗하게 씻는다. Laissez tremper le riz gluant (ou non gluant) au préalable et tranchez la ciboule. Lavez les jujubes, l'ail et le ginseng.

3 닭의 배 속에 불린 찹쌀을 먼저 넣고 대추, 마늘, 인삼을 넣고 재료들이 흘러나오지 않도록 꼬치 등을 사용하여 막는다.
D'abord farcissez le poulet de riz gluant trempé, puis ajoutez les jujubes, l'ail et le ginseng, et utilisez des brochettes, pour bloquer l'ouverture afin que les ingrédients ne débordent pas.

4 닭의 한쪽 넓적다리 안쪽에 2cm 정도 구멍을 내고, 다른 쪽의 다리를 구멍 안쪽으로 끼워 준다.
Faites un trou de 2 cm dans l'une des cuisses du poulet et enfoncez l'autre cuisse dans le trou.

5 큰 냄비에 닭과 물 1리터를 넣고 끓이다가 국물이 끓으면 중불에서 1시간 정도 끓인다. Mettez le poulet et 1 litre d'eau dans une grande casserole et faites bouillir, et lorsque le liquide est arrivé à ébullition, laissez bouillir à feu moyen pendant une heure supplémentaire.

6 닭과 국물을 그릇에 담아 후춧가루를 뿌리고 마무리한다. 소금과 대파는 따로 담는다. Mettez le poulet et le bouillon dans un bol, saupoudrez de poivre noir moulu et servez. Mettez le sel et la ciboule dans des bols séparés.

CONSEILS

* Si vous n'avez ni ginseng ni jujubes, ils peuvent être omis. Si le ginseng n'est pas inclus, on l'appelle *baeksuk*.

* Le riz non gluant peut être utilisé à la place du riz gluant. S'il y a un trou dans le cou du poulet, mettez le cou dans le trou pour le bloquer avant de farcir le poulet de riz gluant.

Vocabulaire

Audio 093

재료 INGRÉDIENTS

인삼 [insam]
ginseng

note
Le ginseng, qui contient des composants tels que la saponine, le ginsénoside, etc., est connu pour être presque entièrement exempt de toxines et efficace contre toutes les maladies.

찹쌀 [chapssal]
riz gluant

note
Lors de la cuisson du riz, le riz non gluant est généralement utilisé, mais le riz gluant est plus collant et meilleur pour la digestion. Le riz gluant est souvent utilisé lors de la fabrication de *tteok*, *yaksik*, etc.

Audio 094

요리 RECETTE

Forme infinitive	Signification		Exemples
불리다 [bullida]	tremper	➡	• 찹쌀을 미리 **불려** 두세요. Laissez le riz gluant tremper au préalable. • **불린** 표고버섯을 채썰기 하세요. Émincez les champignons *pyogo* trempés.
막다 [maktta]	bloquer, fermer	➡	• 닭의 배 속을 **막아요.** Bridez le croupion du poulet. • 찹쌀이 나오지 않도록 **막아야 해요.** Faites en sorte de bien fermer pour que le riz ne sorte pas.
마무리하다 [mamurihada]	finir	➡	• 후춧가루를 뿌리고 **마무리해요.** Saupoudrez de poivre noir moulu et finissez. • 채썰기를 **마무리하고** 볶으세요. Terminez d'émincer et faites revenir

Parlons coréen !

한 마리 필요해요.

Audio 095

A 닭이 몇 마리 필요해요? De combien de poulets avez-vous besoin ?

B 한 마리 필요해요. J'en ai besoin d'un.

마리 est une unité de mesure utilisée pour les animaux ou les poissons, et est utilisée sous la forme de « nombre + 마리 ». 한 signifie « un ». Lorsqu'il est combiné avec une unité de mesure, 하나 devient 한.

Ex

1	2	3	4
하나	둘	셋	넷

→

1	2	3	4	+ 마리
한	두	세	네	

Exercice

A 닭이 몇 마리 있어요 ? Combien y a-t-il de poulets ?

B 한 마리 있어요. (= 한 마리요.) Il y en a un.

세 | 네 | 다섯 | 여섯

닭고기지요?

Audio 096

A 이게 닭고기지요? C'est du poulet, n'est-ce pas ?

B 네, 닭고기예요. Oui, c'est du poulet.

(이)지요 ? est utilisé pour confirmer un fait déjà connu et est utilisé sous la forme de « N + (이)지요 ? ». Il peut également être combiné avec un verbe ou un adverbe radical pour exprimer le même sens.

Consonne finale O + 이지요: 찹쌀 + 이지요 → 찹쌀이지요

Consonne finale X + 지요: 김치 + 지요 → 김치지요

V/A + -지요: 만들(다) + -지요 → 만들지요 예쁘(다) + -지요 → 예쁘지요

Exercice

A 이게 찹쌀이지요? C'est du riz gluant, n'est-ce pas ?

대추 | 삼계탕

B 네, 맞아요. Oui, c'est cela.

찜닭

Jjimdak

Vidéo 025

◆ JJIMDAK ◆

Le *jjimdak* se prépare en faisant mijoter des morceaux de poulet et divers légumes tels que des pommes de terre et des carottes dans une sauce soja avant d'y ajouter des nouilles de patate douce. Le poulet est cuit dans un bouillon préparé à partir des légumes et cuit dans la sauce soja, les nouilles de patate douce ajoutées à la fin du plat se marient bien avec la sauce soja et donnent au plat un goût de *japchae*.

재료 INGRÉDIENTS

2-3인분 Pour 2-3 personnes

닭 800g
800 grammes de poulet

감자 2개
2 pommes de terre

당근 1/2개
1/2 carotte

양파 1개
1 oignon

대파 40g
40 grammes de ciboule

청양고추 (풋고추) 2개
2 piments de Cheongyang (piments verts)

당면 100g
100 grammes de nouilles de patate douce

표고버섯 2개
2 champignons *pyogo*

물 3컵
3 verres doseurs d'eau

Sauce & Marinade

간장 6큰술
6 cuillères à soupe de sauce soja

설탕 2큰술
2 cuillères à soupe de sucre

다진 마늘 2큰술
2 cuillères à soupe d'ail écrasé

다진 파 2큰술
2 cuillères à soupe de ciboule hachée

참기름 1큰술
1 cuillère à soupe d'huile de sésame

건고추 1개
1 piment rouge séché

Conseils

* Les champignons *pyogo* peuvent être omis.

* Le piment rouge séché peut être omis de la marinade, et des piments thaïlandais séchés (*prik kee noo*) peuvent également être utilisés.

준비 PRÉPARATION

- 닭은 잘라진 것을 준비하고 자르지 않은 닭은 먹기 좋은 크기로 자른다.
  Préparez du poulet précoupé ou coupez le poulet non coupé en morceaux de la taille d'une bouchée.

요리 RECETTE

1 감자, 당근은 1.5cm 두께로, 양파는 2cm 정도로 큼직하게 썬다. 대파와 고추는 어슷썰기 하고, 표고버섯은 한입 크기로 자른다. 당면은 미지근한 물에 30분 정도 불린다.
Coupez la pomme de terre et la carotte à 1,5 cm d'épaisseur et l'oignon en gros morceaux de 2 cm. Tranchez la ciboule et les piments à l'oblique et coupez les champignons *pyogo* en morceaux de la taille d'une bouchée. Laissez tremper les nouilles de patate douce dans de l'eau tiède pendant 30 minutes.

2 잘라서 준비한 닭은 끓는 물에 2분 정도 데친 후 씻는다.
Après avoir blanchi et préparé le poulet dans de l'eau bouillante pendant 2 minutes, lavez-le proprement.

3 볼에 양념장 재료를 모두 넣고 섞는다. 건고추는 작게 잘라서 넣는다.
Ajoutez tous les ingrédients de la marinade dans un bol et mélangez. Coupez et ajoutez le piment rouge séché en petits morceaux.

4 냄비에 닭과 양념장, 물 3컵을 넣고 국물이 끓으면 중불로 줄여 더 끓인다.
Ajoutez le poulet, la marinade et 3 verres doseurs d'eau dans une casserole et lorsque le bouillon parvient à ébullition, baissez à feu moyen et laissez bouillir.

5 닭이 반쯤 익으면 감자, 당근, 양파, 표고버섯, 청양고추를 넣고 감자와 닭이 다 익을 때까지 끓인다.
Ajoutez les pommes de terre, carottes, oignon, champignons *pyogo* et piment *Cheongyang* lorsque le poulet est à moitié cuit. Faites bouillir jusqu'à cuisson.

6 닭과 감자가 다 익으면 당면과 대파를 넣고 1-2분 더 끓인 후 완성한다.
Quand le poulet et les pommes de terre sont complétement cuits, ajoutez les nouilles de patate douce et la ciboule, laissez bouillir 1 à 2 minutes de plus.

Vocabulaire

Audio 097

재료 INGRÉDIENTS

닭고기 [dak-kkogi]
poulet

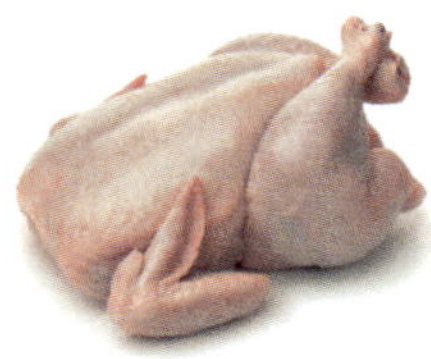

note
Le poulet est moins gras et possède une teneur en protéines plus élevée que les autres types de viande. Il est utilisé dans des plats tels que le *samgyetang* (un plat santé typique de l'été), le poulet frit à la coréenne, le *jjimdak*, etc.

건고추 [geongochu]
piment rouge séché

note
Le piment rouge séché est fabriqué en séchant des piments rouges mûrs. Il est utilisé pour donner une saveur plus épicée aux plats braisés, sautés, etc.

Audio 098

요리 RECETTE

Forme infinitive	Signification		Exemples
들어가다 [deureogada]	entrer, utiliser	➡	• 이건 찜닭에 **들어가는** 재료예요. C'est un ingrédient qu'on utilise dans le *jjimdak*. • 육수를 만들 때 멸치가 **들어가요**. Les anchois sont utilisés lors de la fabrication du bouillon.
큼직하다 [keumjikada]	grand	➡	• **큼직한** 크기로 썰어 주세요. Coupez en gros morceaux. • 닭이 아주 **큼직해요**. Le poulet est très gros.
미지근하다 [mijigeunhada]	tiède	➡	• **미지근한** 물에 불리세요. Trempez dans de l'eau tiède. • 미역국이 식어서 **미지근해요**. Le *miyeokguk* s'est refroidi et est tiède.

Parlons coréen !

무슨 음식 좋아해요?

Audio 099

A 무슨 음식 좋아해요? Quel genre de nourriture aimez-vous ?

B 저는 다 좋아해요. J'aime tout.

무슨 est utilisé lorsque vous posez des questions sur un objet ou une chose et est utilisé sous la forme de « 무슨 + N. » Il signifie « quel ». Pour répondre simplement à « 무슨 + N~ ? » 다 est un adverbe signifiant « tout » et est utilisé avant un verbe ou un adjectif.

Exercice

A **무슨 음식 좋아해요 ?** Quel genre de nourriture aimez-vous ?

B **김치찌개요.** Le *kimchijjigae*.

A **무슨 색깔 좋아해요?** Quelle couleur aimez-vous ?

B **파란색요.** Le bleu.

닭고기도 좋아해요?

Audio 100

A 닭고기도 좋아해요? Aimez-vous aussi le poulet ?

B 네, 좋아해요. Oui, j'aime ça.

도 est attaché après un nom pour exprimer le sens de « aussi », et est utilisé pour parler d'une chose et en ajouter une autre.

Exercice

A **무슨 과일 좋아해요?** Quel type de fruit aimez-vous ?

B **사과를 좋아해요. 그리고 딸기도 좋아해요.** J'aime les pommes. Et j'aime aussi les fraises.

바나나 | 멜론 | 배

닭갈비
Dakgalbi

Vidéo 026

DAKGALBI

Le *dakgalbi* est un plat composé de morceaux ou de cuisse de poulet désossés marinés dans du *gochujang* et frits dans une poêle avec du chou, des carottes et d'autres légumes. Il est également connu sous le nom de *Chuncheon dakgalbi* car il a vu le jour lorsqu'une taverne de Chuncheon a fait mariner et griller du poulet au lieu de côtes de porc. Le *dakgalbi* est souvent préparé en ajoutant du *tteokbokkitteok*, des patates douces, et recouvert de fromage mozzarella. Vous pouvez aussi faire sauter du riz dans la sauce restante.

재료 INGRÉDIENTS

2인분 Pour 2 personnes

닭다리살 500g
500 grammes de cuisses de poulet désossées

고구마 또는 감자 1개
1 patate douce ou pomme de terre

양파 1/2개
1/2 oignon

양배추 100g
100 grammes de chou

청양고추 (또는 풋고추) 1개
1 piment de Cheongyang (ou piment vert)

대파 30g
30 grammes de ciboule

식용유 2큰술
2 cuillères à soupe d'huile de cuisson

Sauce & Marinade

고추장 3큰술
3 cuillères à soupe de *gochujang*

고춧가루 2큰술
2 cuillères à soupe de poudre de piment rouge

간장 2큰술
2 cuillères à soupe de sauce soja

설탕 1큰술
1 cuillère à soupe de sucre

다진 마늘 1큰술
1 cuillère à soupe d'ail écrasé

참기름 1큰술
1 cuillère à soupe d'huile de sésame

후춧가루 조금
une pincée de poivre noir moulu

CONSEILS

* C'est également délicieux si, selon vos préférences, vous ajoutez plus de *tteokbokkitteok* ou garnissez de fromage mozzarella à la fin.

준비 PRÉPARATION

- 닭다리살 대신 토막 낸 닭고기를 준비해도 된다.
  Le poulet coupé en morceaux peut être préparé à la place des cuisses de poulet désossées.

요리 RECETTE

1 닭다리살은 먹기 좋은 크기로 자른다.
Coupez les cuisses de poulet désossées en morceaux de la taille d'une bouchée.

2 볼에 양념장 재료를 넣고 고루 섞은 뒤, 닭다리살을 넣어 30분 정도 재운다.
Mettez les ingrédients de la marinade dans un bol et, après avoir mélangé uniformément, ajoutez les cuisses de poulet et faites mariner pendant 30 minutes.

3 양파는 채를 썰고, 고구마나 감자, 양배추는 한입 크기로 썰고, 청양고추와 대파는 어슷썰기 한다.
Émincez l'oignon, coupez la patate douce ou la pomme de terre et le chou en morceaux de la taille d'une bouchée et tranchez le piment de Cheongyang et la ciboule à l'oblique.

4 팬을 달구어 식용유를 두르고 닭과 감자 또는 고구마를 먼저 넣고 중불에서 서서히 익힌다.
Chauffez une poêle et nappez-la d'huile de cuisson, ajoutez d'abord le poulet et les pommes de terre ou les patates douces, puis cuisez lentement à feu moyen.

5 고구마와 닭이 거의 익으면 양배추와 양파를 넣어 같이 볶는다. 떡볶이떡을 추가하려면 말랑한 상태의 떡을 이때 같이 넣는다.
Lorsque la patate douce et le poulet sont presque complètement cuits, ajoutez le chou et l'oignon et faites revenir. Si vous ajoutez du *tteokbokkitteok*, utilisez du *tteok* souple et ajoutez-les à ce moment-là.

6 재료가 모두 익으면 청양고추, 대파를 넣고 1분 정도 더 볶아 완성한다.
Lorsque tous les ingrédients sont cuits, ajoutez le piment de Cheongyang et la ciboule, et complétez en faisant sauter pendant une minute de plus.

Vocabulaire

재료 INGRÉDIENTS

Audio 101

양배추 [yangbaechu]
chou

note
Le chou est cuit à la vapeur et utilisé comme *ssam* (légume pour les wraps), et est également utilisé dans les plats braisés comme le *dakgalbi*.

고구마 [goguma]
patate douce

note
Les patates douces sont une collation populaire en hiver, consommées à la vapeur ou rôties. Elles sont utilisées comme ingrédient dans divers plats. Les tiges des pousses de patates douces sont consommées bouillies et transformées en un plat de légumes assaisonné.

요리 RECETTE

Audio 102

Forme infinitive	Signification		Exemples
추가하다 [chugahada]	ajouter	➡	• 치즈를 **추가하면** 더 맛있어요. C'est plus savoureux si vous ajoutez du fromage. • 간이 부족하면 소금을 **추가하세요.** Si la saveur est insuffisante, ajoutez du sel.
말랑하다 [mallanghada]	mou	➡	• **말랑한** 떡을 사용하세요. Utilisez du *tteok* mou. • 가래떡을 끓는 물에 데치면 **말랑해요.** Si vous blanchissez les *garaetteok* dans de l'eau bouillante, ils se ramollissent.
완성하다 [wanseonghada]	compléter, terminer	➡	• 불을 끄고 **완성하세요.** Éteignez le feu et terminez. • **완성된** 닭갈비를 그릇에 담으세요. Mettez le *dakgalbi* terminé dans un plat.

Parlons coréen !

고추장하고 고춧가루도 필요해요.

Audio 103

A 고추장 필요해요? Avez-vous besoin de *gochujang* ?

B 네, 고추장하고 고춧가루도 필요해요. Oui, j'ai besoin de *gochujang* et de poudre de piment rouge.

하고 est une particule postpositionnelle qu'on rattache à un nom et qui est utilisée pour lister des personnes ou des objets. C'est l'équivalent français de « et puis ».

Ex 밥하고 국　설탕하고 간장

Exercice

A **뭐 드릴까요?** Comment puis-je vous aider ? *[Litt. Que puis-je obtenir pour vous ?]*

B **김치볶음밥하고 된장찌개요.** Du *kimchi-bokkeumbap* et du *doenjangjjigae*.

양파 / 마늘　소금 / 후춧가루　사과 / 오렌지

마늘과 참기름도 필요해요.

Audio 104

A 마늘 필요하지요? Vous avez besoin d'ail, non ?

B 네, 마늘과 참기름도 필요해요. Oui, j'ai aussi besoin d'ail et d'huile de sésame.

와/과, comme 하고, est une particule postpositionnelle utilisée pour lister des personnes ou des objets, et est attachée après un nom.

Consonne finale O + 과: 마늘과　호박과　찜닭과

Consonne finale X + 와: 사과와　잡채와　오이와

Exercice

A **뭐 좋아해요?** Qu'aimez-vous ?

B **김치볶음밥과 된장찌개요.** Du *kimchi-bokkeumbap* et du *doenjangjjigae*.

사과 / 오렌지　잡채 / 불고기　호떡 / 떡볶이

해물파전

Haemulpajeon

Vidéo 027

HAEMULPAJEON

Le *pajeon* est une crêpe préparée en faisant frire des ciboulettes enrobées de pâte jusqu'à ce qu'elles soient dorées. Le pajeon se marie très bien avec le *makgeolli* (vin de riz), et comme de plus en plus de gens apprécient le *makgeolli*, le *paejeon* est de plus en plus populaire. Les bords du *pajeon* sont si croustillants et savoureux que certaines personnes commencent par les bords pour les manger. Si vous préparez votre propre *paejon*, son croustillant vous mettra l'eau à la bouche pendant la cuisson.

재료 INGRÉDIENTS

2-3인분 Pour 2-3 personnes

쪽파 200g
200 grammes de ciboulette

새우살 100g
100 grammes de crevettes

조갯살 100g
100 grammes de palourdes (décortiquées)

오징어 100g
100 grammes de calmar

달걀 2개
2 œufs

청양고추 1개
1 piment de Cheongyang

식용유 4큰술
4 cuillères à soupe d'huile de cuisson

부침 가루 (또는 밀가루) 2컵
2 verres doseurs de farine pour friture (ou de la farine de blé)

물 2컵
2 verres doseurs d'eau

Sauce & Marinade

초간장
MÉLANGE DE SAUCE SOJA ET DE VINAIGRE

간장 2큰술
2 cuillères à soupe de sauce soja

식초 1/2큰술
1/2 cuillère à soupe de vinaigre

CONSEILS

Si vous n'avez pas de ciboulette, vous pouvez aussi utiliser de la ciboule.

준비 PRÉPARATION

- 쪽파는 다듬어 깨끗이 씻고 뿌리 부분이 굵으면 반으로 가른다.
  Coupez les ciboulettes et lavez-les proprement, et si les racines sont épaisses, coupez-les en deux.
- 조갯살과 새우살은 찬물에 헹구어 주고, 오징어는 껍질을 벗겨 길이 0.7×3cm 정도로 작게 자른다. Rincez la chair des palourdes et les crevettes à l'eau froide. Décollez la peau du calmar et coupez-la en petites lamelles d'environ 0,7 × 3 cm.

요리 RECETTE

1 쪽파는 프라이팬 크기에 맞춰 2등분하고 청양고추는 어슷썰기 한다.
Répartissez dans la poêle les ciboulettes par deux pour couvrir toute la surface de la poêle et tranchez le piment de Cheongyang à l'oblique.

2 볼에 부침 가루와 물을 넣고 골고루 섞어 반죽한다. 달걀은 잘 풀어 놓는다.
Dans un bol, ajoutez la farine et l'eau et mélangez uniformément pour faire une pâte à crêpes. Battez bien les œufs.

3 프라이팬을 달구어 중약불로 줄이고 식용유를 넉넉히 두른 후 파를 반죽에 담갔다가 프라이팬에 가지런히 펴서 올린다. 그 위에 새우살, 조갯살, 오징어를 얹고, 반죽을 조금 덮어 준다.
Chauffez une poêle et réduisez à feu moyen-doux, enduisez généreusement d'huile de cuisson, puis trempez les ciboulettes dans la pâte et répartissez uniformément dans la poêle. Mettez les crevettes, la chair de palourdes et le calmar sur le dessus et couvrez d'un peu de pâte.

4 해물 위에 달걀물을 골고루 끼얹고 청양고추를 올린다.
Versez les œufs battus uniformément sur les fruits de mer et ajoutez le piment de Cheongyang sur le dessus.

5 아랫면이 노릇해지면 뒤집고 중약불에서 앞, 뒤를 노릇하게 지진다.
Lorsque le dessous devient brun doré, retournez et faites frire le haut et le bas à feu moyen-doux jusqu'à ce qu'ils soient dorés.

6 간장과 식초를 섞어 초간장을 만들어 같이 곁들인다.
Mélangez la sauce soja et le vinaigre pour réaliser la sauce et servez.

Vocabulaire

Audio 105

재료 INGRÉDIENTS

조개 [jogae]
palourde

note
En Corée, on utilise souvent les palourdes pour donner du goût au bouillon servant de base aux soupes et ragoûts. La présence de palourde corse et approfondit la saveur de la préparation. On utilise aussi des palourdes pour agrémenter une préparation trop simple comme dans l'*haemulpajeon*, etc.

쪽파 [jjokpa]
ciboulette

note
On utilise la ciboulette comme herbe aromatique. Légèrement plus fine et plus petite que la ciboule, son goût est aussi plus doux. On l'utilise souvent pour faire des *pakimchi*.

Audio 106

요리 RECETTE

Forme infinitive	Signification		Exemples
반죽하다 [banjukada]	pétrir, faire une pâte	➡	• 밀가루와 물을 넣고 **반죽하세요.** Ajoutez la farine et l'eau pour faire une pâte. • **반죽한** 것을 따뜻한 곳에서 발효시키세요. Laissez fermenter la pâte dans un endroit chaud.
얹다 [eontta]	placer (sur le dessus)	➡	• 반죽 위에 오징어를 **얹으세요.** Disposez le calmar sur le dessus de la pâte. • 계란찜 위에 파를 **얹고** 완성하세요. Pour finir, déposez la ciboule sur le *gyeranjjim*.
곁들이다 [gyeot-tteurida]	garnir, ajouter, servir avec	➡	• 비빔 간장을 **곁들이세요.** Garnissez de sauce soja. • 된장국을 **곁들이면** 좋아요. C'est bon quand c'est servi avec de la *doenjangguk*.

Parlons coréen !

비가 올 때 해물파전을 만들어요.

Audio 107

A 해물파전 좋아해요? Vous aimez la *haemulpajeon* ?

B 네, 좋아해요. 비가 올 때 해물파전을 만들어요.

Oui, j'aime ça. Je fais de la *haemulpajeon* quand il pleut.

On utilise la particule temporelle « V + −(으)ㄹ 때 » pour indiquer le moment auquel une action ou un état se produit. C'est l'équivalent en français d'un complément circonstanciel de temps « Quand… »

Consonne finale O + −을 때: 끓(다) + −을 때 → 끓을 때

Consonne finale X + −ㄹ 때: 오(다) + −ㄹ 때 → 올 때

Exercice

A **이건 언제 넣어요?** Quand dois-je ajouter ceci ?

B **끓을 때 넣으세요.** Ajoutez cela quand la préparation bout.

반죽하다 | 볶다 | 무치다

음식을 만드는 중이에요.

Audio 108

A 뭐 해요? Qu'est-ce que vous faites ?

B 음식을 만드는 중이에요. Je suis en train de préparer de la nourriture.

On utilise la locution verbale « V + −는 중이다 » pour indiquer que l'action décrite est en train d'avoir lieu au moment de l'énonciation. C'est l'équivalent en français de la locution verbale « être en train de… »

Ex 만들(다) + −는 중이에요 → 만드는 중이에요
요리하(다) + −는 중이에요 → 요리하는 중이에요

Exercice

A **지금 뭐 하는 중이에요?** Qu'est-ce que vous êtes en train de faire maintenant ?

B **해물파전을 만드는 중이에요.** Je fais une *haemulpajeon*.

요리하다 | 밀가루를 반죽하다 | 육수를 끓이다

Attention !

Si 만들다 est suivi d'un mot commençant par ㄴ, alors on supprime le ㄹ.

Ex 만들(다) + 는 → 만드는

미역국

Miyeokguk

Vidéo 028

• MIYEOKGUK •

Le *miyeokguk* est une soupe obtenue en faisant tremper des algues *miyeok* séchées et en les faisant mijoter à feu doux. Certaines personnes n'aiment pas les algues à cause de leur texture gluante, mais le *miyeokguk* est appréciée pour sa saveur riche et mérite d'être essayé même si vous n'aimez pas la texture des algues. Dans la culture coréenne, le *miyeokguk* est un plat d'anniversaire typique et il est réputé pour aider les mères à se rétablir après l'accouchement.

재료 INGRÉDIENTS

2-3인분 Pour 2-3 personnes

마른 미역 20g
20 grammes d'algues séchées

소고기 (양지머리) 200g
200 grammes de poitrine de bœuf

참기름 2큰술
2 cuillères à soupe d'huile de sésame

국간장 2큰술
2 cuillères à soupe de sauce soja coréenne

액젓 1큰술
1 cuillère à soupe de sauce de poisson

다진 마늘 1작은술
1 cuillère à café d'ail écrasé

물 10컵
10 verres doseurs d'eau

준비 PRÉPARATION

- 마른 미역을 찬물에 넣고 30분 정도 불린다.
  Mettez les algues séchées dans de l'eau froide et faites tremper pendant 30 minutes.
- 소고기는 찬물에 10분 정도 담가 핏물을 뺀다. 양지머리 대신 다른 부위를 사용할 경우 고기를 납작하고 작게 썬다.
  Faites tremper le bœuf dans de l'eau froide pendant 10 minutes et laissez dégorger le sang. Si vous utilisez une autre pièce de viande en plus de la poitrine, coupez-la en petits morceaux plats.

요리 RECETTE

1. 불린 미역은 깨끗하게 헹궈 먹기 좋게 자른다.
   Rincez les algues réhydratées et coupez en morceaux de la taille d'une bouchée.
2. 냄비에 물 10컵을 넣고 물이 끓으면 소고기를 넣어 중약불로 줄여 40분 정도 끓여 준다.
   Ajoutez 10 verres doseurs d'eau dans une casserole et quand l'eau bout, ajoutez le bœuf et continuez à faire bouillir à feu moyen-doux pendant 40 minutes.
3. 소고기가 부드럽게 익으면 고기를 꺼내 손으로 잘게 찢는다.
   Lorsque le bœuf a cuit jusqu'à devenir tendre, retirez-le de l'eau et effilochez-le en petits morceaux avec vos mains.
4. 냄비에 참기름을 두르고 미역과 찢은 고기, 간장을 넣고 1~2분 정도 볶다가 고기 육수 7컵을 넣고 끓인다.
   Enduisez la casserole d'huile de sésame et ajoutez les algues, la viande effilochée et la sauce soja et faites revenir pendant 1-2 minutes, puis ajoutez 7 verres doseurs de bouillon de bœuf et faites bouillir.
5. 국물이 끓으면 중약불로 줄여 20분 정도 끓이다가 액젓으로 간을 맞춘다.
   Une fois que le bouillon est en ébullition, réduisez à feu moyen-doux et continuez à faire bouillir pendant 20 minutes, puis assaisonnez selon votre goût avec de la sauce de poisson.
6. 다진 마늘을 넣고 2분 정도 더 끓여 완성한다.
   Ajoutez l'ail écrasé et complétez en faisant bouillir encore 2 minutes.

CONSEILS

* D'autres pièces de bœuf peuvent être substituées à la poitrine.

* Si vous utilisez une pièce de bœuf différente, enduisez la casserole d'huile de sésame, ajoutez le bœuf et faites revenir à feu moyen-doux, ajoutez les algues et la sauce soja, faites revenir pendant 1-2 minutes, puis ajoutez 7 verres doseurs d'eau et faites bouillir. Terminez avec les étapes 5 et 6.

Vocabulaire

재료 INGRÉDIENTS

Audio 109

미역 [miyeok]
algue *miyeok*

note
On consomme les algues crues telles quelles, mais également séchées et bouillies dans la soupe. En Corée en particulier, il existe une coutume de manger du *miyeokguk* lors des anniversaires.

액젓 [aekjjeot]
sauce de poisson

note
Il s'agit d'un liquide filtré fabriqué en fermentant du poisson dans du sel sur une longue période. En fonction du poisson, il y a de la sauce de poisson d'anchois, de la sauce de poisson cavalos, etc. On l'utilise pour assaisonner la soupe ou le *kimchi*.

요리 RECETTE

Audio 110

Forme infinitive	Signification		Exemples
깨끗하다 [kkaekkeutada]	propre	➡	• 불린 미역을 **깨끗하게** 헹구세요. Rincez proprement les algues réhydratées. • 양파를 **깨끗이** 씻으세요. Lavez les oignons proprement.
부드럽다 [budeureoptta]	doux, tendre	➡	• **부드럽게** 익으면 고기를 꺼내세요. Quand la viande a cuit jusqu'à devenir tendre, retirez-la du feu. • 계란찜이 너무 **부드러워요.** Le *gyeranjjim* est trop mou.
찢다 [jjit-tta]	effilocher, déchirer	➡	• 익은 고기를 **찢으세요.** Effilochez la viande cuite. • **찢은** 고기를 넣고 볶으세요. Ajoutez la viande effilochée et faites revenir.

Parlons coréen !

10월 5일이에요.

Audio 111

A 생일이 며칠이에요? Quelle est la date de votre anniversaire ?

B 10월 5일이에요. C'est le 5 octobre.

On utilise 며칠 « quel jour » pour demander une date à son interlocuteur. Le coréen a 2 systèmes de numérotation – le système coréen péninsulaire et le système sino-coréen issu de la Chine. Quand on lit une date, on utilise les nombres sino-coréens comme dans ce tableau.

1	2	3	4	5	6	7	8	9	10	O월 O일
일	이	삼	사	오	육	칠	팔	구	십	mois jour

Exercice

A **오늘이 며칠이에요?** Quelle est la date aujourd'hui ?

B **12월 1일이에요.** Nous sommes le 1er décembre.

6월 26일 | 3월 15일

Attention !
6월 → 유월
10월 → 시월

미역국을 먹었겠어요.

Audio 112

A 오늘이 제 생일이에요. Aujourd'hui, c'est mon anniversaire.

B 그럼, 아침에 미역국을 먹었겠어요.

Alors vous avez dû manger de la *miyeokguk* ce matin.

La terminaison conditionnelle –겠– placée entre le radical et la terminaison verbale exprime une supposition, une condition ou une éventualité sur quelque chose. C'est l'équivalent du conditionnel en français.

Ex 먹(다) + –겠– + –어요 → 먹겠어요 (présent en style poli neutre)
먹(다) + –었– + –겠– + 다 → 먹었겠어요 (passé en style poli neutre)

끓(다) + –겠– + –어요 → 끓겠어요 (présent en style poli neutre)
끓(다) + –었– + –겠– + –어요 → 끓었겠어요 (passé en style poli neutre)

Exercice

✦ **미역국이 정말 맛있겠어요.** Le *miyeokguk* a l'air vraiment délicieux.

✦ **김치가 조금 맵겠어요.** Le *kimchi* semble un peu épicé.

새우전

Saeujeon

Vidéo 029

• SAEUJEON •

Pour le *jajeon* la viande, le poisson, les légumes, etc. sont enrobés d'un mélange de farine et d'œufs et frits dans une poêle enduite d'huile. Le *saeujeon* est un autre type de *jajeon*, composé de crevettes entières ou hachées, mélangées à divers légumes hachés, enrobées d'un mélange de farine et d'œufs et frits dans une poêle. Frit, le *saeujeon* a une texture ferme et agréables en bouche. On déguste le *saeujeon* comme plat d'accompagnement ou comme en-cas.

재료 INGRÉDIENTS

2-3인분 Pour 2-3 personnes

새우살 250g
250 grammes de crevettes

달걀 2개
2 œufs

밀가루 1/2컵
1/2 verre doseur de farine

소금 1작은술
1 cuillère à café de sel

후춧가루 조금
une pincée de poivre noir moulu

식용유 적당량
une bonne quantité d'huile de cuisson

Sauce & Marinade

양념간장
ASSAISONNEMENT SAUCE SOJA

간장 1큰술
1 cuillère à soupe de sauce soja

식초 1/2큰술
1/2 cuillère à soupe de vinaigre

통깨 graines de sésame

준비 PRÉPARATION

- 새우는 10cm 정도의 중간 크기 이상이 좋으며, 꼬리 부분만 남기고 껍질을 벗겨 준비한다.
  Les crevettes d'environ 10 cm (taille moyenne ou plus grande) sont idéales. Préparez-les en retirant leur carapace à l'exception de la queue.

요리 RECETTE

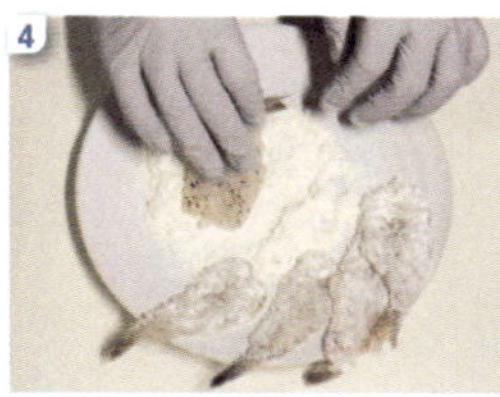

1 새우는 찬물에 헹궈 물기를 제거한다.
Rincez les crevettes à l'eau froide et égouttez.

2 새우의 등 부분을 반으로 갈라 남은 내장을 제거하고 새우가 구부러지지 않게 앞, 뒤로 살짝 칼집을 낸다.
Coupez la crevette en deux le long de son dos et retirez toute veine restante, puis faites de petites entailles à l'avant et à l'arrière pour qu'elle ne se plie pas.

3 새우살에 소금과 후춧가루를 뿌려 10분 정도 재워 둔다.
Saupoudrez de sel et de poivre noir moulu sur les crevettes et laissez reposer pendant 10 minutes.

4 새우살에 앞, 뒤로 밀가루를 묻히고 달걀에 소금을 넣고 풀어 준다.
Enrobez l'avant et l'arrière des crevettes de farine, puis ajoutez du sel aux œufs et battez-les.

5 밀가루 묻힌 새우를 달걀물을 입혀 약불에서 뒤집어 가며 익힌다.
Trempez les crevettes enrobées dans le mélange d'œufs et retournez-les pendant la cuisson à feu doux.

6 간장과 식초, 통깨를 섞어 양념간장을 만들어 같이 곁들인다.
Assaisonnez la sauce soja en la mélangeant avec le vinaigre et les graines de sésame, et servez.

Vocabulaire

Audio 113

재료 INGRÉDIENTS

새우 [saeu]
crevette

note
On privilégie les grosses crevettes pour les plats grillés et les ragoûts de fruits de mer, tandis qu'on utilise les petites crevettes comme ingrédient d'accompagnement dans les soupes ou pour faire de la saumure de crevettes en *banchan*.

후춧가루 [huchukkaru]
poivre noir moulu

note
On utilise le plus souvent du poivre noir en poudre, qui était une épice précieuse jusqu'à la dynastie Joseon, pour éliminer l'odeur de la viande.

Audio 114

요리 RECETTE

Forme infinitive	Signification	Exemples
준비하다 [junbihada]	préparer	• 껍질을 깐 새우를 **준비하세요.** Préparez les crevettes débarrassées de leur coquille. • **준비된** 새우를 찬물에 헹구세요. Rincez les crevettes préparées à l'eau froide.
묻히다 [muchida]	enduire, enrober	• 새우에 밀가루를 **묻히세요.** Trempez les crevettes dans la farine. • 빵가루를 **묻혀서** 튀기세요. Enrobez de chapelure et faites frire.
입히다 [ipida]	tremper, incorporer	• 달걀물을 **입혀서** 익히세요. Incorporez le mélange d'œufs puis cuisez. • 동그랑땡에 달걀물을 **입히세요.** Trempez le *donggeurangttaeng* dans le mélange d'œufs.

Parlons coréen !

삼백 그램 필요해요.

Audio 115

A 새우가 얼마나 필요해요? De quelle quantité de crevettes avez-vous besoin ?

B 삼백 그램 필요해요. J'ai besoin de 300 grammes.

Lorsque vous parlez de prix et de montants, utilisez le système de numérotation sino-coréen.

1	2	3	4	5	6	7	8	9	10
일	이	삼	사	오	육	칠	팔	구	십

100	1 000	10 000
백	천	만

Exercice

A **설탕이 얼마나 필요해요?** De quelle quantité de sucre avez-vous besoin ?

B **백오십 그램 필요해요.** J'ai besoin de 150 grammes.

이백 | 오십 | 십칠

새우전을 먹어 본 적이 있어요?

Audio 116

A 새우전을 먹어 본 적이 있어요? Avez-vous déjà mangé de la *saeujeon* ?

B 아니요, 없어요. Non, jamais.

On utilise la locution verbale -(으)ㄴ 적이 있다 en la combinant avec un verbe pour faire état d'une expérience passée. C'est l'équivalent en français d'« avoir déjà + participe passé ». La réponse à cette question est simple, 네, 있어요. (« Oui, je l'ai déjà fait. ») ou 아니요, 없어요. (« Non, je ne l'ai jamais fait. »)

Exercice

A **삼계탕을 먹어 봤어요?** Avez-vous déjà mangé de la *samgyetang* ?

B **네, 삼계탕을 먹어 본 적이 있어요.** Oui, j'ai déjà mangé de la *samgyetang*.

A **한국 노래를 들은 적이 있어요?** Avez-vous déjà entendu une chanson coréenne ?

B **네, 있어요. / 아니요, 없어요.** Oui, j'en ai déjà entendu. / Non, je n'en ai jamais entendu.

어묵탕

Eomuktang

Vidéo 030

◆ EOMUKTANG ◆

L'*eomuk* est obtenu en écrasant de la chair de poisson, en la mélangeant avec du sel et en la faisant frire. Les différents types d'*eomuk* sont ensuite enfilés sur de brochettes et mijotés dans une grande quantité d'eau avec des radis, des oignons, des anchois et d'autres ingrédients. L'*eomuktang* est un plat chaud qui vient à l'esprit durant les froides journées d'hiver et le spectacle de ce bouillon suffit à réchauffer le corps. Avec le *tteokbokki*, le *kkochi-eomuk* (*eomuk* en brochettes) est un plat de rue typique. Son goût léger permet à tous de l'apprécier.

재료 INGRÉDIENTS

3-4인분 Pour 3-4 personnes

어묵 500g
500 grammes d'*eomuk*

표고버섯 2개
2 champignons *pyogo*

대파 60g
60 grammes de ciboule

양파 1/2개
1/2 oignon

무 150g
150 grammes de radis

다시마 10g
10 grammes d'algue *dashima*

국물용 멸치 10g
10 grammes d'anchois à utiliser dans le bouillon de la soupe

물 6컵
6 verres doseurs d'eau

국간장 2큰술
2 cuillères à soupe de sauce soja coréenne

후춧가루 조금
une pincée de poivre noir moulu

나무 꼬치 10개
10 brochettes en bois

Sauce & Marinade

양념간장
ASSAISONNEMENT SAUCE SOJA

간장 2큰술
2 cuillères à soupe de sauce soja

깨소금 또는 연겨자 적당량
une bonne quantité de sésame moulu ou de moutarde douce

준비 PRÉPARATION

- 어묵은 보통 얇은 사각 어묵을 많이 사용하지만, 다양한 종류의 어묵을 사용하면 보기에도 화려하고, 여러 가지 맛을 느낄 수 있다.
  On privilégie l'*eomuk* fin coupé en carrés, mais vous pouvez aussi utiliser d'autres types d'*eomuk*, ce qui rendra votre plat plus esthétique et vous permettra de goûter de nouvelles saveurs.

요리 RECETTE

1

2

3
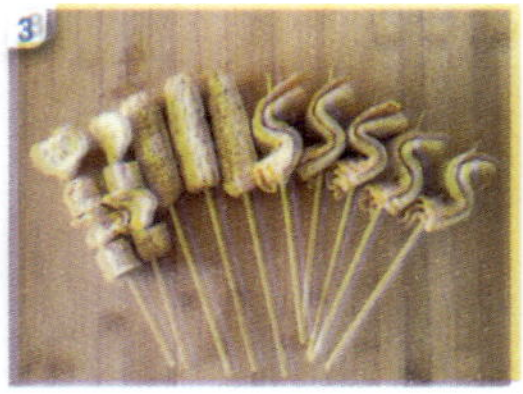
4
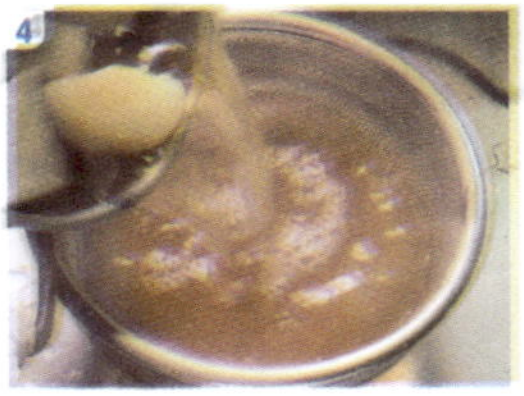
5

6

1 무는 큼직하게 썰고, 대파는 4cm 정도로 썬다. 표고버섯은 모양을 낸다.
Coupez le radis en morceaux assez gros et la ciboule en morceaux de 4 cm. Préservez la forme des champignons.

2 냄비에 물, 양파, 무, 다시마, 멸치를 넣고 끓으면 국간장을 넣고 중약불로 20분 정도 끓인다.
Dans une casserole, ajoutez de l'eau, de l'oignon, du radis, de l'algue *dashima* et des anchois, puis faites bouillir. Ajoutez la sauce soja et faites bouillir à feu moyen 20 minutes.

3 육수가 끓는 동안 어묵을 접어서 먹기 좋게 꼬치에 끼운다.
Pendant que le bouillon est en ébullition, pliez l'*eomuk* et mettez-le sur les brochettes.

4 육수가 만들어지면 무 2-3개와 다시마는 건져 두고, 건더기를 체에 거르세요.
Lorsque le bouillon s'assombrit, retirez 2-3 radis et l'algue *dashima*, puis filtrez les ingrédients solides.

5 냄비에 꼬치에 끼운 어묵과 건져 놓은 무와 다시마, 대파, 표고버섯을 넣고 어묵이 잠길 정도의 육수를 붓고 10분 정도 끓인다.
Dans une casserole, ajouter l'*eomuk* sur brochettes, les radis et l'algue *dashima*, la ciboule et les champignons *pyogo*, versez suffisamment de bouillon pour submerger l'*eomuk* et faites bouillir pendant 10 minutes.

6 먹기 전에 후춧가루를 뿌리고 양념장을 곁들인다.
Saupoudrez de poivre et servez avec de la sauce soja.

Vocabulaire

Audio 117

재료 INGRÉDIENTS

어묵 [eomuk]
eomuk (beignet de poisson)

note
On fabrique l'*eomuk* en ajoutant du sel et d'autres assaisonnements au poisson haché puis on fait frire la pâte obtenue. L'*eomuk* existe en différentes épaisseurs et formes et est utilisé dans l'*eomuktang*, les émincés, etc.

멸치 [myeolchi]
anchois

note
Les anchois sont un ingrédient typique des plats d'accompagnement. Selon la variété d'anchois, on les utilise aussi comme ingrédient dans les bouillons pour la soupe.

Audio 118

요리 RECETTE

Forme infinitive	Signification		Exemples
끼우다 [kkiuda]	mettre sur	➡	• 어묵을 꼬치에 **끼우세요.** Mettez l'*eomuk* sur les brochettes. • 소시지를 꼬치에 **끼우고** 밀가루를 뿌리세요. Mettez la saucisse sur les brochettes et saupoudrez de farine.
거르다 [georeuda]	filtrer	➡	• 건더기를 체에 **거르세요.** Filtrez les ingrédients solides. • 육수를 면포에 **걸러서** 식히세요. Filtrez le bouillon à travers un chiffon, puis laisser refroidir.
잠기다 [jamgida]	immerger	➡	• 어묵이 국물에 **잠기게** 하세요. Immergez l'*eomuk* dans le bouillon. • 건더기가 **잠길** 정도로 육수를 부으세요. Versez suffisamment de bouillon pour submerger les ingrédients solides.

Parlons coréen !

어떤 계절을 좋아해요?

Audio 119

A 어떤 계절을 좋아해요? Quelle saison aimez-vous ?

B 저는 여름을 좋아해요. J'aime l'été.

On utilise l'adjectif interrogatif 어떤 « quel » pour poser des questions sur les caractéristiques, le contenu ou l'état d'une personne ou d'une chose. On l'utilise sous la forme 어떤 N. La réponse à 어떤 N~ ? peut simplement être « N + 요 ». Les quatre saisons sont 봄 (printemps), 여름 (été), 가을 (automne) et 겨울 (hiver).

Exercice

A **어떤 고기를 좋아해요?** Quel type de viande aimez-vous ?

B **저는 소고기를 좋아해요.** J'aime le bœuf.

A **어떤 과일을 좋아해요?** Quels fruits aimez-vous ?

B **사과를 좋아해요.** J'aime les pommes.

따뜻한 어묵탕요.

Audio 120

A 뭐 먹을까요? Qu'allons-nous manger ?

B 따뜻한 어묵탕요. De *l'eomuktang* chaud.

-(으)ㄴ est une terminaison qui permet à un adjectif de devenir épithète et de modifier le sens du nom qui suit et qu'il qualifie.

Consonne finale O + -은 : 작(다) + -은 → 작은

Consonne finale X / ㄹ + -ㄴ : 따뜻하(다) + ㄴ → 따뜻한

있다 / 없다 + -는 : 맛있(다) + -는 → 맛있는

Exercice

A **어떤 음식을 좋아해요?** Quels aliments aimez-vous ?

B **매운 음식을 좋아해요.** J'aime les aliments épicés.

시원하다 | 달다

Attention !

Le ㄹ à la fin de la tige de 달다 est supprimé lorsqu'il est combiné avec ㄴ, ㅂ, ㅅ, ou 오.

Ex 달(다) + ㄴ → 단

오징어볶음

Ojingeo-bokkeum

Vidéo 031

◆ OJINGEO-BOKKEUM ◆

L'*ojingeo-bokkeum* est un plat composé de calamars coupés, d'oignons, de carottes et d'autres légumes sautés avec du *gochujang* et du piment en poudre. C'est l'un des plats les plus épicés de Corée, réalisé à l'aide d'un assaisonnement à base de *gochujang*, de poudre de piment rouge et du piment de Cheongyang. On consomme l'*ojingeo-bokkeum* comme plat d'accompagnement, mais également dans le même bol que le riz pour y être mélanger. Les Coréens aiment manger des plats épicés quand ils n'ont pas beaucoup d'appétit.

재료 INGRÉDIENTS

2인분 Pour 2 personnes

오징어 1마리 (300g)
1 calmar (300 grammes)

양파 1/2개
1/2 oignon

대파 50g
50 grammes de ciboule

당근 1/4개
1/4 carotte

풋고추 2개
2 piments verts

식용유 2큰술
2 cuillères à soupe d'huile de cuisson

참기름 1큰술
1 cuillère à soupe d'huile de sésame

깨소금 1작은술
1 cuillère à café de sésame moulu

Sauce & Marinade

볶음 양념장
MARINADE POUR SAUTÉ

고추장 1큰술
1 cuillère à soupe de *gochujang*

고춧가루 1큰술
1 cuillère à soupe de poudre de piment rouge

간장 2큰술
2 cuillères à soupe de sauce soja

다진 마늘 1/2큰술
1/2 cuillère à soupe d'ail écrasé

설탕 1큰술
1 cuillère à soupe de sucre

준비 PRÉPARATION

- 오징어는 내장과 뼈 등을 제거하고 껍질을 벗겨 준비한다.
  Préparez le calmar en enlevant les entrailles et les os et en décollant la peau.
- 프라이팬은 깊은 팬을 사용하는 것이 편하다.
  Préférez l'utilisation d'une poêle à frire profonde.

요리 RECETTE

1. 껍질을 벗긴 오징어는 1.5×5cm 정도 크기로 썬다.
   Coupez le calmar pelé en morceaux de 1,5 × 5 cm.
2. 당근은 1×4cm로 납작하게 썰고, 양파는 채를 썬다. 풋고추는 어슷썰기 하고, 대파는 반은 어슷썰기 하고 반은 송송 썰어 둔다.
   Coupez la carotte en morceaux plats de 1 × 4 cm et émincez l'oignon. Tranchez les piments verts en biais et coupez la moitié de la ciboule en biais et l'autre moitié en tranches.
3. 양념장 재료를 모두 섞어 볶음 양념장을 만들어 반으로 나누어 둔다.
   Mélangez tous les ingrédients de la marinade pour faire la marinade qui servira à la friture, divisez-la en deux portions puis réservez.
4. 팬에 불을 켜고 식용유, 송송 썬 대파를 넣어 볶으면서 파기름을 만든다.
   Allumez le feu sous une poêle et faites de l'huile de ciboule en ajoutant la ciboule tranchée à l'huile de cuisson et en faisant revenir.
5. 대파가 노릇해지면 오징어와 양념장의 반만 넣는다. 1-2분 정도 볶다가 대파를 제외한 모든 채소와 남은 양념장을 넣고 같이 볶는다.
   Lorsque la ciboule brunit, ajoutez le calmar et la moitié de la marinade. Faites revenir pendant 1-2 minutes et ajoutez tous les légumes (sauf la ciboule coupée en biais) et le reste de la marinade au mélange.
6. 채소가 거의 다 익으면 대파를 넣고 1-2분쯤 더 볶는다. 불을 끄고 참기름을 넣고 섞은 후 그릇에 담고 깨소금을 뿌린다.
   Lorsque les légumes sont presque complètement cuits, ajoutez la ciboule et faites revenir pendant 1-2 minutes supplémentaires. Éteignez le feu, ajoutez l'huile de sésame et, après avoir mélangé, mettez dans un bol et saupoudrez de sésame moulu.

Vocabulaire

Audio 121

재료 INGRÉDIENTS

오징어 [ojingeo]
calmar

note
On utilise le calmar, qui a la teneur en protéines la plus élevée de tous les fruits de mer, comme ingrédient dans les émincés ou les soupes. On mange le calmar séché en le rôtissant et en le dégustant comme collation. On peut aussi râper le calmar séché qui, une fois frit, servira de plat d'accompagnement.

풋고추 [putkkochu]
piment vert

note
Les piments sont l'un des ingrédients les plus importants de la cuisine coréenne. Les piments rouges mûrs sont transformés en poudre de piment rouge et en *gochujang*, et les piments verts et pas encore mûrs sont utilisés comme épice dans divers plats.

Audio 122

요리 RECETTE

Forme infinitive	Signification		Exemples
벗기다 [beotkkida]	peler	➡	• 오징어는 껍질을 **벗기세요.** Décollez la peau du calmar. • 껍질을 **벗긴** 호두를 작게 다지세요. Hachez les noix pelées en petits morceaux.
어슷썰다 [eoseutsseolda]	couper/trancher en biais	➡	• 가래떡을 **어슷써세요.** Coupez le *garaetteok* en biais. • 대파는 **어슷썰기** 하세요. Tranchez la ciboule à l'oblique.
나누다 [nanuda]	diviser	➡	• 표고버섯을 반으로 **나누세요.** Divisez les champignons *pyogo* en deux. • 양념장을 반씩 **나누어** 넣으세요. Divisez la marinade en deux et ajoutez-la au mélange.

Parlons coréen !

오징어를 더 좋아해요.

Audio 123

A 저는 낙지를 좋아해요. 수진 씨는요? J'aime le poulpe. Et vous, Sujin ?

B 저는 낙지보다 오징어를 더 좋아해요. Je préfère le calmar au poulpe.

On ajoute « N + 보다 » « en comparaison de » à un mot qui est la cible d'une comparaison, et qu'on utilise pour comparer deux éléments. 더 donne le sens supplémentaire de « plus ».

Ex **바나나보다 사과를 더 좋아해요.**
단 음식보다 매운 음식을 좋아해요.

Exercice

A **사과 좋아해요?** Vous aimez les pommes ?

B **사과보다 배를 좋아해요.** Je préfère les poires aux pommes.
(*Litt.* « En comparaison des pommes, j'aime les poires. »)

A **삼계탕이랑 찜닭 중에 뭘 좋아해요?** Vous préférez la *samgyetang* ou le *jjimdak* ?
(*Litt.* « Entre la samgyetang et le jjimdak qu'est-ce que vous aimez ? »)

B **찜닭보다 삼계탕을 더 좋아해요.** Je préfère la *samgyetang* au *jjimdak*.

맛있게 드세요.

Audio 124

A 오징어볶음이에요. 맛있게 드세요. C'est de l'*ojingeo-bokkeum*. Bon appétit.

B 네, 고맙습니다. Merci.

드시다 « se restaurer » est la forme honorifique de 먹다 « manger » qu'on utilise pour des supérieurs et pour recommander à son interlocuteur d'essayer de nouveaux plats.

맛있게 드세요 (*litt.* « Restaurez-vous délicieusement. ») est une salutation commune utilisée avant de manger un repas.

Exercice

A **맛있게 드세요.** Bon appétit.

B **네, 잘 먹겠습니다.** Merci pour le repas. (*Litt.* « Je vais bien manger. »)

된장찌개

Doenjangjjigae

Vidéo 032

• DOENJANGJJIGAE •

Le *doenjang* est fabriqué à partir de graines de soja bouillies, fermentées et trempées dans de la sauce soja. Le *doenjangjjigae* est une soupe que l'on prépare en mélangeant du *doenjang* dans de l'eau et en ajoutant de la courgette coréenne, de l'oignon et d'autres légumes, ainsi que de la viande et du tofu. Il n'y a pas d'ingrédients spécifiques au *doenjangjjigae*. Tant que vous avez du *doenjang*, vous pouvez combiner n'importe quel ingrédient pour faire un délicieux *doenjangjjigae*. Pour de nombreux Coréens, le *doenjangjjigae* évoque la cuisine familiale, et c'est l'un des plats les plus emblématiques de la cuisine coréenne.

재료 INGRÉDIENTS

2-3인분 Pour 2-3 personnes

소고기 100g
100 grammes de bœuf

두부 1/3모 (80g)
1/3 bloc (80 grammes) de tofu

무 50g
50 grammes de radis

호박 30g
30 grammes de courgette coréenne

양파 1/2개
1/2 oignon

풋고추 1개
1 piment vert

대파 30g
30 grammes de ciboule

된장 1½큰술
1 ½ cuillère à soupe de pâte de soja fermenté

다진 마늘 1작은술
1 cuillère à café d'ail écrasé

고춧가루 1작은술
1 cuillère à café de poudre de piment rouge

물 2컵
2 verres doseurs d'eau

준비 RECETTE

- 소고기는 어떤 부위든 괜찮으며, 한입 크기로 썬다.
  N'importe quel morceau de bœuf peut être utilisé. Coupez-le en petits morceaux.
- 된장은 '된장' 또는 '재래식 된장'을 사용해야 되며, '쌈장'은 색깔은 비슷하지만 전혀 다른 것이라서 찌개에는 사용할 수 없다.
  Le *doenjang* ordinaire ou le *doenjang* traditionnel doit être utilisé. Le *ssamjang* est d'une couleur similaire mais un ingrédient complètement différent, et ne peut pas être utilisé dans les ragoûts.

요리 RECETTE

1 소고기와 두부는 한입 크기로 썰고, 호박은 반달썰기, 양파는 채썰기 한다. 무는 얇게 나박썰기 하고, 풋고추와 대파는 어슷썰기 한다.
Coupez le bœuf et le tofu en morceaux de la taille d'une bouchée, coupez la courgette coréenne sur la longueur puis en demi-tranches, émincez l'oignon. Coupez le radis en forme de rectangle puis en tranches fines et émincez finement le piment vert et la ciboule en biais.

2 냄비에 소고기를 넣고 약불에서 서서히 볶으며 익힌다.
Mettez le bœuf dans une casserole et cuisez en faisant revenir lentement à feu doux.

3 고기가 익으면 물을 붓고 된장을 푼다.
Lorsque le bœuf est cuit, versez l'eau et ajoutez le *doenjang* en veillant à se qu'il se dissolve dans la préparation.

4 무를 넣고 약불로 10분 정도 끓인다.
Ajoutez le radis et faites bouillir à feu doux pendant 10 minutes.

5 무가 익으면 호박, 양파, 두부, 풋고추, 고춧가루, 다진 마늘을 넣고 5분 정도 끓인다.
Lorsque le radis est cuit, ajoutez la courgette, l'oignon, le tofu, le piment vert, la poudre de piment rouge et l'ail écrasé, et faites bouillir pendant 5 minutes.

6 부족한 간은 된장으로 하며, 마지막에 대파를 넣고 1분쯤 더 끓인다.
Ajoutez du *doenjang* si nécessaire puis la ciboule et faites bouillir 1 minute.

Vocabulaire

Audio 125

재료 INGRÉDIENTS

된장 [doenjang]
doenjang
(pâte de soja fermenté)

note
Le *doenjang* est un ingrédient traditionnel coréen obtenu par ébullition et fermentation des fèves de soja. C'est un aliment fermenté traditionnel. Dans le régime alimentaire traditionnel d'un Coréen qui était principalement centré autour du riz et des légumes, c'est aussi un aliment qui sert de source de protéines.

애호박 [aehobak]
courgette (coréenne)

note
On l'appelle « courgette coréenne » ou *aehobak*. C'est un légume un peu différent de la courgette traditionnelle qu'on trouve en France. On l'utilise majoritairement dans le *doenjangjjigae*, mais aussi dans les *jeon* et les accompagnements de légumes, etc.

Audio 126

요리 RECETTE

Forme infinitive	Signification	Exemples
다르다 [dareuda]	différent	• 쌈장과 된장은 **달라요.** Le *ssamjang* et le *doenjang* sont différents. • 어제 먹은 것과 **다른** 것을 먹고 싶어요. Je veux manger quelque chose de différent de ce que j'ai mangé hier.
없다 [eoptta]	ne pas être, ne pas avoir	• 쌈장은 된장찌개에 사용할 수 **없어요.** On ne peut pas utiliser de *ssamjang* dans le *doenjangjjigae*. • 감자가 **없어서** 슈퍼마켓에 가요. Comme je n'ai pas de pommes de terre, je vais au supermarché.
부족하다 [bujokada]	insuffisant, ne pas être assez	• 간이 **부족하면** 된장을 넣으세요. Si le goût est insuffisant, ajoutez du *doenjang*. • 국물이 좀 **부족해요.** Il n'y a pas assez de bouillon.

Parlons coréen !

10분쯤 걸려요.

Audio 127

A 빨리 만들 수 있어요? Pouvez-vous en préparer rapidement ?

B 네, 10분쯤 걸려요. Oui, cela prend environ 10 minutes.

쯤 est un adverbe qui indique une quantité approximative et qui correspond à « environ ». Le 분 dans 10분 est une unité qui signifie « minute ».

Ex 20분쯤 1마리쯤 하루쯤

Exercice

A **된장찌개 만드는 데 얼마나 걸려요?** Je suis en train de préparer un *doenjangjjigae*, à votre avis cela prend combien de temps ?

B **네, 이십 분쯤 걸려요.** Cela prend environ 20 minutes.

15분쯤 (십오 분쯤) | 30분쯤 (삼십 분쯤) | 45분쯤 (사십오 분쯤) | 50분쯤 (오십 분쯤)

된장찌개를 끓이고 있어요.

Audio 128

A 뭐 하고 있어요? Qu'est-ce que vous faites ?

B 된장찌개를 끓이고 있어요. Je suis en train de faire cuire un *doenjangjjigae*.

−고 있다 est une expression qui indique qu'une action est en cours de réalisation. C'est l'équivalent du français « en train de ». On l'utilise sous la forme de « V + −고 있다 » et a la même signification que −(으)ㄴ 중이다.

Ex 만들(다) + −고 있어요 → 만들고 있어요
요리하(다) + −고 있어요 → 요리하고 있어요

Exercice

A **뭐 해요?** Qu'est-ce que vous faites ?

B **저녁밥을 준비하고 있어요.** Je suis en train de préparer le dîner.

양파를 씻다 | 설거지하다 | 대파를 썰다

부대찌개

Budaejjigae

Vidéo 033

• BUDAEJJIGAE •

Le *budaejjigae* est un plat préparé en faisant mijoter du *kimchi*, de la saucisse, du jambon et divers légumes dans une marmite chaude avec du bouillon et des assaisonnements. Comme tu vous pouvez probablement le deviner d'après les ingrédients, il ne s'agit pas d'un plat coréen traditionnel, mais d'un plat qui a vu le jour pendant la guerre de Corée, lorsque les saucisses et le jambon sont arrivés avec les troupes américaines. La combinaison du *kimchi*, de la saucisse et du jambon donne au ragoût une saveur piquante, charnue et riche.

재료 INGRÉDIENTS

3-4인분 Pour 3-4 personnes

김치 100g
100 grammes de *kimchi*

다진 소고기 60g
60 grammes de bœuf haché

햄 100g
100 grammes de jambon en conserve

소시지 4개 4 saucisses

떡국떡 50g
50 grammes de *tteokguktteok*

두부 1/2모 1/2 bloc de tofu

양파 1/2개 1/2 oignon

대파 50g
50 grammes de ciboule

슬라이스 치즈 1장
1 tranche de fromage

라면 사리 1개
1 paquet de nouilles instantanées

물 (또는 고기 육수) 4컵
4 verres doseurs d'eau (ou de bouillon de viande)

베이크드빈 3큰술 (생략 가능)
3 cuillères à soupe de haricots blancs à la sauce tomate (facultatif)

Sauce & Marinade

고기 양념 ASSAISONNEMENT POUR LA VIANDE

간장 1/2큰술
1/2 cuillère à soupe de sauce soja

다진 마늘 1작은술
1 cuillère à café d'ail écrasé

후춧가루 조금
une pincée de poivre noir moulu

양념장 MARINADE

고추장 2큰술
2 cuillères à soupe de *gochujang*

고춧가루 2큰술
2 cuillères à soupe de poudre de piment rouge

간장 2큰술
2 cuillères à soupe de sauce soja

다진 마늘 1큰술
1 cuillère à soupe d'ail écrasé

후춧가루
poivre noir moulu

준비 PRÉPARATION

- 육수는 소고기를 넣고 중약불에서 30분 이상 끓여 만들 수 있으며, 시중에서 판매하는 사골 육수, 곰탕 등을 사용해도 좋다.
  Pour le bouillon, vous pouvez soit faire bouillir du bœuf à feu moyen-doux pendant 30 minutes, soit acheter du bouillon d'os de bœuf vendu dans le commerce.

- 신김치를 사용해야 맛이 좋으며, 떡국떡, 베이크드빈, 치즈는 생략해도 된다.
  Préférez du *kimchi* aigre pour un goût plus prononcé. Le *tteokguktteok*, les haricots blancs à la sauce tomate et le fromage sont facultatifs.

요리 RECETTE

1 두부, 소시지, 햄은 먹기 좋은 크기로 썰고, 김치는 소를 털어내고 먹기 좋은 크기로 썬다. Coupez le tofu, la saucisse et le jambon en morceaux de la taille d'une bouchée. Retirez la garniture de *kimchi* et coupez le *kimchi* en morceaux de la taille d'une bouchée.

2 양파는 굵게 채를 썰고, 대파는 어슷썰기 한다. 떡국떡은 씻어 둔다.
Émincez l'oignon en morceaux épais et tranchez la ciboule en biais. Lavez le *tteokguk tteok* et réservez.

3 다진 소고기는 고기 양념을 넣고 고루 섞어서 10분 정도 재워 둔다.
Ajoutez l'assaisonnement au bœuf haché et mélangez uniformément, puis laissez reposer pendant 10 minutes.

4 볼에 양념장 재료를 모두 넣고 잘 섞는다.
Ajoutez tous les ingrédients de la marinade dans un bol et mélangez bien.

5 냄비에 모든 재료를 담고 양념장을 올린 후 물이나 육수를 냄비에 맞게 붓고 끓인다. 양념장을 육수 양에 따라 넣고 남겨 둔다. Mélangez tous les ingrédients dans une casserole, versez la marinade, de l'eau ou du bouillon, puis faites bouillir. Ajoutez la marinade en fonction de la quantité de bouillon. Conservez le reste.

6 국물이 5분 정도 끓고 나면 라면 사리와 치즈를 넣고 기호에 따라 양념장을 더하여 라면이 익을 때까지 더 끓인다.
Après 5 minutes de cuisson du ragoût, ajoutez les nouilles et le fromage. Ajustez la quantité de marinade selon vos préférences. Laissez mijoter jusqu'à ce que les nouilles soient cuites.

Vocabulaire

재료 INGRÉDIENTS

Audio 129

라면 사리 [ramyeon sari]
nouilles instantanées

note
Cela ne fait référence qu'aux nouilles des paquets de nouilles instantanées, sans l'assaisonnement fourni en sachet. Comme de plus en plus de gens ajoutent des nouilles aux préparations traditionnelles comme le *budaejjigae* ou les *tteokbokki*, on trouve de plus en plus de paquets de nouilles instantanées vendues nature dans le commerce.

떡국떡 [tteokguktteok]
tteokguktteok

note
Traditionnellement, on utilise le *garaetteok* seché et coupé en tranche dans la *tteokguk*, mais comme les nouilles instantanées, on les ajoute de plus en plus dans différents plats traditionnels comme le *dakgalbi*.

요리 RECETTE

Audio 130

Forme infinitive	Signification		Exemples
털어내다 [teoreonaeda]	enlever, ôter	➡	• 뭉쳐진 밀가루를 **털어내고** 달걀물을 입히세요. Enlevez le surplus de farine et plongez dans le mélange d'œufs. • 야채의 물기를 **털어내세요.** Ôtez l'eau des légumes.
남기다 [namgida]	laisser, réserver, garder	➡	• 양념장을 조금 **남기세요.** Gardez un peu de marinade. • **남겨** 둔 국물을 더 부으세요. Versez le reste de bouillon réservé.
더하다 [deohada]	ajouter	➡	• 치즈를 **더하면** 맛있어요. C'est délicieux si vous ajoutez du fromage. • 싱거우면 양념장을 **더하세요.** Si c'est fade, ajoutez la marinade.

Parlons coréen !

물을 많이 넣으면 안 돼요.

Audio 131

A 물을 더 넣어도 돼요? Est-ce que je peux ajouter plus d'eau ?

B 아니요, 물을 많이 넣으면 안 돼요. Non, il ne faut pas ajouter trop d'eau.

« A/V + -(으)면 안 되다 » indique une interdiction ou une limitation. C'est l'équivalent en français de « ne pas falloir », « ne pas devoir » ou encore « Il est interdit de… »

Consonne finale O + **-으면 안 돼요**: 넣(다) + -으면 안 돼요 → 넣으면 안 돼요

Consonne finale X / ㄹ + **-면 안 돼요**: 남기(다) + -면 안 돼요 → 남기면 안 돼요

갈(다) + -면 안 돼요 → 갈면 안 돼요

Exercice

- 냄비 뚜껑을 열면 안 돼요. Vous ne devez pas soulever le couvercle de la casserole.
- 불이 세면 안 돼요. La chaleur ne doit pas être trop forte.
- 국물이 끓기 전에 먹으면 안 돼요. Vous ne devez pas manger la soupe avant qu'elle soit cuite.

국물이 끓으면 파를 넣으세요.

Audio 132

A 파는 언제 넣어요? Quand dois-je ajouter la ciboule ?

B 국물이 끓으면 파를 넣으세요. Ajoutez la ciboule une fois que la soupe bout.

« A/V + -(으)면 » est une terminaison qui indique des circonstances ou la condition d'une action. C'est l'équivalent en français d'une proposition conjonctive en « quand… » ou d'une proposition de condition / d'hypothèse en « si… » selon le contexte.

Consonne finale O + **-으면**: 끓(다) + -으면 → 끓으면

Consonne finale X / ㄹ + **-면**: 더하(다) + -면 → 더하면

달(다) + -면 → 달면

Exercice

- 양념장을 더하면 더 맛있어요. Si vous ajoutez plus de marinade, ce sera encore meilleur.
- 국물이 끓으면 라면 사리를 넣으세요. Une fois que la soupe bout, ajoutez les nouilles instantanées.
- 달걀이 반쯤 익으면 말아 주세요. Quand les œufs sont à moitié cuits, roulez-les.

Vidéo 034

• JAPCHAE •

Des nouilles de patate douce mijotées, des légumes sautés tels que des épinards, des carottes et des oignons et de la viande sont mélangés avec de la sauce soja. Les ingrédients sont assaisonnés et cuits séparément avant d'être mélangés, de sorte que la texture de chaque ingrédient est préservée et que les saveurs des vermicelles et des légumes soient combinées. Le *japchae* est traditionnellement considéré comme un plat de luxe et raffiné, c'est pourquoi il est indispensable pour divers festins tels que les fêtes d'anniversaire et les réceptions de mariage.

재료 INGRÉDIENTS

2-3인분 Pour 2-3 personnes

당면 250g
250 grammes de nouilles de patate douce

돼지고기 100g
100 grammes de porc

시금치 150g
150 grammes d'épinards

양파 1개
1 oignon

당근 1/2개
1/2 carotte

목이버섯 3g
3 grammes d'oreilles-de-Judas

간장 4큰술
4 cuillères à soupe de sauce soja

설탕 2큰술
2 cuillères à soupe de sucre

참기름 3큰술
3 cuillères à soupe d'huile de sésame

소금 1큰술
1 cuillère à soupe de sel

후춧가루 조금
une pincée de poivre noir moulu

통깨 1/2큰술
1/2 cuillère à soupe de graines de sésame

식용유 4큰술
4 cuillères à soupe d'huile de cuisson

CONSEILS

* Vous pouvez également utiliser des champignons *pyogo* ou des pleurotes à la place des oreilles-de-Judas.

준비 RECETTE

- 당면과 목이버섯은 미리 물에 불린다.
  Faites d'abord tremper les nouilles de patate douce et les oreilles-de-Judas dans l'eau.
- 시금치는 뿌리를 제거하고 한 줄기씩 뜯어 끓는 물에 살짝 데친다.
  Enlevez les racines des épinards, arrachez feuille par feuille et blanchissez-les légèrement dans de l'eau bouillante.

요리 RECETTE

1. 돼지고기, 당근, 양파는 길게 채를 썬다. 목이버섯은 한입 크기로 자른다.
   Émincez le porc, la carotte et l'oignon en longs morceaux. Coupez les oreilles-de-Judas en morceaux de la taille d'une bouchée.
2. 데친 시금치에 간장 1/3큰술을 넣고 무친다.
   Ajoutez 1/3 de cuillère à soupe de sauce soja aux épinards blanchis et mélangez.
3. 당근, 양파, 목이버섯, 돼지고기는 각각 달군 팬에 기름을 두르고 소금과 후춧가루를 약간씩 넣고 볶는다.
   Dans une poêle enduite d'huile, faites revenir la carotte, l'oignon, les oreilles-de-Judas et le porc, chacun séparément, avec un peu de sel et de poivre noir moulu.
4. 불린 당면은 끓는 물에 삶아 찬물에 헹군다. 헹군 당면은 물기를 제거하고 먹기 좋게 자른다.
   Faites bouillir les nouilles de patate douce, rincez-les à l'eau froide et coupez-les pour mieux déguster.
5. 볼에 당면과 볶은 재료, 시금치를 넣고 참기름, 설탕, 후춧가루, 간장을 넣고 골고루 섞어 준다. 간장의 양은 입맛에 맞추어 조절한다.
   Mélangez les nouilles, les ingrédients frits et les épinards dans un bol avec l'huile de sésame, le sucre, le poivre noir moulu et la sauce soja. Ajustez la quantité de sauce soja selon votre goût.
6. 접시에 잡채를 담고 통깨를 뿌려 마무리한다.
   Mettez les *japchae* sur une assiette et terminez en saupoudrant de graines de sésame.

Vocabulaire

Audio 133

재료 INGRÉDIENTS

당면 [dangmyeon]
nouilles de patate douce

note
Les nouilles de patate douce ont une texture plus élastique que les autres nouilles car elles sont faites avec de la fécule de patate douce. On ne les utilise pas uniquement pour les *japchae*, mais également dans les bouillons, les soupes, etc.

목이버섯 [mogibeoseot]
Oreilles-de-Judas

note
Champignon parasite poussant sur le tronc des arbres, sa forme ressemble à celle d'une oreille. On utilise les oreilles-de-Judas dans les *japchae*, et dans d'autres plats frits.

Audio 134

요리 RECETTE

Forme infinitive	Signification	Exemples
길다 [gilda]	long	• 양파는 **길게** 채를 썰어요. Émincez l'oignon en longs morceaux. • 당근 채가 너무 **길어요.** Les carottes râpées sont trop longues.
끓다 [kkeulta]	bouillir	• 시금치를 **끓는** 물에 데치세요. Blanchissez les épinards dans de l'eau bouillante. • 국물이 **끓으면** 채소를 넣으세요. Quand le bouillon bout, ajoutez les légumes.
조절하다 [jojeolhada]	ajuster	• 기호에 맞게 간장의 양을 **조절하세요.** Ajustez la quantité de sauce soja selon vos préférences. • 재료의 양에 따라 간장의 양을 **조절해야 돼요.** Vous devez ajuster la quantité de sauce soja en fonction de la quantité d'ingrédients.

Parlons coréen !

생일 파티를 할 거예요.

Audio 135

A 내일 뭐 할 거예요? Qu'allez-vous faire demain ?

B 생일 파티를 할 거예요. Je vais organiser une fête d'anniversaire.

La locution verbale « V + -(으)ㄹ 거예요 » indique qu'un événement ou qu'une action se produira dans le futur. C'est l'équivalent du futur d'intention en français.

Consonne finale O + -을 거예요: 볶(다) + -을 거예요 → 볶을 거예요

Consonne finale X + -ㄹ 거예요: 끓이(다) + -ㄹ 거예요 → 끓일 거예요

Exercice

A 점심에 메뉴는 뭐예요? Qu'est-ce qu'on mange pour le déjeuner ?

B 갈비탕을 끓일 거예요. Je vais préparer de la *galbitang*. (*Litt.* « Je vais faire bouillir de la *galbitang*. »)

새우전을 부치다 | 돼지고기를 삶다

식은 후에 넣으세요.

Audio 136

A 당면을 지금 넣을까요? Est-ce que je peux ajouter les nouilles de patate douce maintenant ?

B 식은 후에 넣으세요. Ajoutez-les une fois qu'elles auront refroidi.

On utilise l'expression « V + -(으)ㄴ 후에 » pour indiquer une antériorité. C'est l'équivalent en français de « Après... »

Consonne finale O + -은 후에: 식(다) + -은 후에 → 식은 후에

Consonne finale X + -ㄴ 후에: 끄(다) + -ㄴ 후에 → 끈 후에

Exercice

A 이건 언제 넣어요? Quand dois-je ajouter ceci ?

B 불을 끈 후에 넣으세요. Ajoutez-le après avoir éteint le feu.

국물이 끓다 | 감자가 익다

김말이

Gimmari

Vidéo 035

• GIMMARI •

Le *gimmari* est un genre de friture composée de patate douce et de divers légumes enroulés dans des algues enrobées de pâte. Avec le *tteokbokki* et le *kkochi-eomuk*, le *gimmari* un en-cas que l'on peut facilement déguster sur les étals de rue et dans les restaurants. Il est meilleur trempé dans le bouillon du *tteokbokki* que mangé seul. À la maison, vous pouvez facilement en réaliser en roulant, si vous en avez, des restes de *japchae* dans des algues. Il est souvent servi avec du *tteokbokki*.

재료 INGRÉDIENTS

3-4인분 Pour 3-4 personnes

김 4장
4 feuilles d'algue *kim*

당면 100g
100 grammes de nouilles de patate douce

양파 1/2개
1/2 oignon

당근 1/3개
1/3 carotte

간장 1½큰술
1 ½ cuillère à soupe de sauce soja

설탕 1/2큰술
1/2 cuillère à soupe de sucre

참기름 1/2큰술
1/2 cuillère à soupe d'huile de sésame

소금 1/2 작은술
1/2 cuillère à café de sel

후춧가루 조금
une pincée de poivre noir moulu

튀김 가루 1⅓컵
1 ⅓ verre doseur de mélange pour pâte à frire *twigim karu*

물 1컵
1 verre doseur d'eau

식용유 약간
un peu d'huile de cuisson

CONSEILS

* Si vous ajoutez de la glace à la pâte frite, les rouleaux frits deviendront plus croustillants.

준비 PRÉPARATION

- 김은 김밥 김을 준비하고 4등분으로 자른다.
  Préparez l'algue en la coupant en quatre.
- 남은 잡채가 있다면 살짝 볶거나 전자레인지에 데워서 만들면 된다.
  Si vous avez des restes de *japchae*, vous pouvez les faire revenir légèrement à la poêle ou les chauffer au micro-ondes.

요리 RECETTE

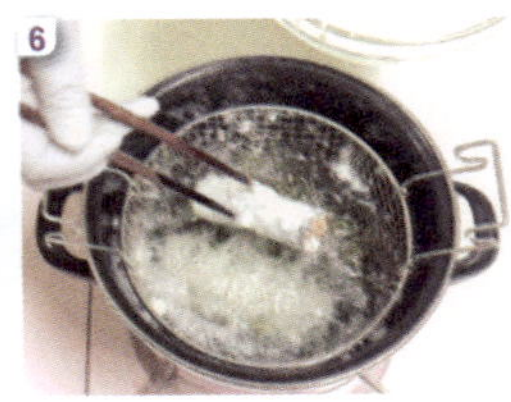

1 당면은 미리 물에 불려 두었다가 끓는 물에 삶아서 찬물에 헹구어 3-4등분으로 자른다.
Trempez les nouilles de patate douce dans de l'eau et laissez reposer. Puis faites-les bouillir et rincez à l'eau froide. Terminez en coupant les nouilles en trois ou quatre.

2 당근과 양파는 채를 썰어, 한꺼번에 프라이팬에 소금과 후추를 조금 넣고 살짝 볶아 식힌다.
Émincez la carotte et l'oignon, ajoutez-les en même temps dans une poêle avec un peu de sel et de poivre noir moulu, faites revenir légèrement et laissez refroidir.

3 볼에 당면, 당근, 양파, 간장, 설탕, 참기름을 넣고 골고루 섞는다.
Ajoutez les nouilles de patate douce, la carotte, l'oignon, la sauce soja, le sucre et l'huile de sésame dans un bol et mélangez uniformément.

4 자른 김을 펼쳐서 양념한 당면을 넣고 말은 후 마지막에 물을 살짝 묻혀 붙인다.
Étalez l'algue coupée, ajoutez les nouilles de patate douce assaisonnées, puis après avoir roulé le tout, terminez en enduisant l'extrémité de l'algue avec un peu d'eau et en collant ensemble.

5 말아 둔 김말이는 튀김 가루를 묻혀 둔다.
Enrobez les *gimmari* enroulés de pâte à frire et réservez.

6 튀김 가루와 물을 1:1로 섞어 튀김 반죽을 만들고, 김말이에 튀김 반죽을 입혀 노릇하게 튀긴다.
Mélangez la préparation pour pâte à frire avec de l'eau dans un rapport de 1/1, plongez les *gimmari* dans la pâte obtenue et faites frire jusqu'à obtenir une couleur dorée.

Vocabulaire

Audio 137

재료 INGRÉDIENTS

튀김 가루 [twigim garu]
mélange pour pâte à frire

note
C'est une préparation sous forme de poudre composée de farine à faible teneur en gluten permettant de réaliser un mélange qui ressemble à de la pâte à crêpes et qui a la propriété de rendre les aliments bien croustillants quand ils sont frits.

물 [mul]
eau

note
En Corée, l'eau du robinet n'était pas potable pendant longtemps et les Coréens ont gardé l'habitude de consommer presque exclusivement de l'eau en bouteille.

Audio 138

요리 RECETTE

Forme infinitive	Signification		Exemples
식히다 [sikida]	refroidir	➡	• 당면을 삶아서 **식히세요.** Faites bouillir les nouilles de patate douce puis laissez-les refroidir. • **식힌** 찹쌀 풀을 양념과 섞으세요. Mélangez la pâte de riz gluant refroidie avec l'assaisonnement.
펼치다 [pyeolchida]	étaler	➡	• 김을 **펼치고** 당면을 놓으세요. Étaler l'algue et ajoutez les nouilles de patate douce. • **펼쳐진** 밥 위에 재료를 얹으세요. Mettez les ingrédients sur le riz étalé.
튀기다 [twigida]	frire	➡	• 김말이를 노릇하게 **튀기세요.** Faites frire les *gimmari* jusqu'à ce qu'ils soient dorés. • 핫도그를 **튀겨서** 기름을 빼세요. Faites frire le hot-dog coréen et retirez l'huile.

Parlons coréen !

버리지 마세요.

Audio 139

A 잡채가 많이 남았어요. Il reste beaucoup de *japchae*.

B 버리지 마세요. 김말이를 만드세요. Ne le jetez pas. Faites-en des *gimmari*.

On utilise la finale négative « V + –지 말다 » pour exprimer un conseil, un souhait, un ordre ou une interdiction. C'est l'équivalent de l'impératif à la forme négative en français.

Ex 버리(다) + –지 마세요 → 버리지 마세요
넣(다) + –지 마세요 → 넣지 마세요

Exercice

- 소금을 넣지 마세요. N'ajoutez pas de sel.
- 당면은 볶지 마세요. Ne faites pas revenir les nouilles de patate douce.
- 깨소금을 뿌리지 마세요. Ne saupoudrez pas de sésame moulu.

떡볶이하고 같이 드세요.

Audio 140

A 김말이만 먹어요? Je prends seulement des *gimmari* ?
(*Litt.* « Des gimmari seulement je mange ? »)

B 김말이는 떡볶이하고 같이 드세요. 더 맛있어요.
Essayez plutôt de goûter les *gimmari* avec des *tteokbokki*. Ce sera meilleur.

« 같이 », « ensemble » qui signifie que deux personnes ou choses forment une paire. 드시다 « se restaurer, déguster » est une expression honorifique pour 먹다 « manger ».

Ex 양파는 당근과 같이 볶아요. 소금과 후추를 같이 넣어요.

Exercice

A 감자는 어떻게 해요? Que dois-je faire avec les pommes de terre ?

B 감자는 호박과 같이 볶아요. Faites revenir les pommes de terre avec la courgette coréenne.

같이 넣다 | 같이 삶다 | 같이 끓이다

호떡

Hotteok

Vidéo 036

• HOTTEOK •

Cet en-cas est constitué d'une pâte de farine fermentée et d'une garniture à base de sucre roux et de noix, le tout cuit dans une poêle avec beaucoup d'huile. Lorsque vous mordez dans l'extérieur doré et croustillant, la confiture de sucre roux, comme du chocolat ou du caramel, fond délicieusement en bouche. C'est un des plats de rue les plus populaires et les plus appréciés en hiver. De nos jours, vous pouvez trouver des variétés plus exotiques, comme des *hotteok* aux graines ou au thé vert.

재료 INGRÉDIENTS

2-3인분 Pour 2-3 personnes

반죽 PÂTE

밀가루 200g
200 grammes de farine

설탕 15g
15 grammes de sucre

소금 1g
1 gramme de sel

이스트 4g
4 grammes de levure

미지근한 물 150ml
150 millilitres d'eau tiède

식용유 1큰술
1 cuillère à soupe d'huile de cuisson

호떡 소 REMPLISSAGE HOTTEOK

흑설탕 80g
80 grammes de cassonade foncée

계핏가루 1작은술
1 cuillère à café de cannelle en poudre

견과류 50g (땅콩, 호두 등)
50 grammes de noix (arachides, noix, etc.)

식용유 적당량
une bonne quantité d'huile de cuisson neutre

CONSEILS

* C'est encore meilleur si vous ajoutez une boule de glace sur votre *hotteok* encore chaud.

준비 PRÉPARATION

- 호떡 소에 들어가는 설탕은 흑설탕을 사용해야 맛과 향을 낼 수 있다.
  Le sucre dans la garniture du *hotteok* doit être du sucre brun pour produire le goût et l'arôme souhaités.
- 견과류는 땅콩, 호두, 피칸 등 어떤 종류도 괜찮으며 두 가지 이상의 견과류를 섞어도 좋다.
  Pour les fruits à coques, vous pouvez utiliser des cacahuètes, noix, noix de pécan etc. Veillez à mélanger ensemble au moins deux types ou plus.

요리 RECETTE

1

2

3

4

5

6

1 견과류를 잘게 다져 흑설탕, 계핏가루와 섞어서 소를 만든다.
Hachez finement les noix et mélangez avec du sucre brun et de la cannelle en poudre pour faire la garniture.

2 미지근한 물에 이스트를 넣고 완전히 녹을 때까지 잘 저어 준다.
Ajoutez la levure à l'eau tiède et mélangez jusqu'à dissolution complète.

3 볼에 밀가루, 설탕, 소금, 식용유 1큰술과 이스트 녹인 물을 넣어 반죽을 한다. 반죽이 2배쯤 될 때까지 따뜻한 곳에서 발효시킨다.
Mélangez farine, sucre, sel, 1 cuillère à soupe d'huile et eau de levure pour la pâte. Laissez fermenter dans un endroit chaud jusqu'à doubler de volume.

4 손에 식용유를 바르고 반죽을 펼쳐 소를 1큰술 넣고 오므린다.
Huilez vos mains, étalez la pâte, ajoutez 1 cuillère à soupe de garniture et fermez.

5 팬을 달군 후 기름을 넉넉히 두르고 오므린 부분이 아래쪽으로 되도록 호떡을 올려 중약불에서 굽는다.
Chauffez la poêle, enduisez d'huile et placez le *hotteok* avec la fermeture vers le bas. Faites frire à feu moyen.

6 아래쪽 겉면이 노릇하면 뒤집어서 호떡을 눌러 주고 양면을 뒤집으며 완전히 익힌다.
Faites dorer le *hotteok* d'un côté, retournez-le et aplatissez-le avec un objet plat pour lui donner une forme de crêpe. Faites cuire des deux côtés jusqu'à ce qu'il soit bien cuit.

Vocabulaire

재료 INGRÉDIENTS

흑설탕 [heuksseoltang]
sucre brun

note
Le sucre brun a la saveur unique du sucre brut et est d'une couleur intense. On l'utilise donc souvent dans les confiseries traditionnelles comme le *yaksik*, le *sujeonggwa*, le *yakgwa*, etc.

계핏가루 [gyepitkkaru]
cannelle en poudre

note
La cannelle en poudre, ou cannelle finement moulue, est l'une des trois épices les plus utilisées au monde, avec le poivre noir et les clous de girofle. Dans la cuisine coréenne, on l'utilise dans le remplissage des *tteok*, et pour fabriquer du *sujeonggwa* (une boisson traditionnelle au gingembre et à la cannelle).

요리 RECETTE

Forme infinitive	Signification	Exemples
잘다 [jalda]	petit, fin	• 견과류를 **잘게** 다지세요. Hachez les fruits à coque en petits morceaux. • 이번에 산 감자는 너무 **잘아요.** Les pommes de terre que j'ai achetées cette fois sont trop petites.
발효시키다 [balhyosikida]	fermenter	• 반죽을 30분 **발효시켜요.** Faites fermenter la pâte pendant 30 minutes. • 김치와 된장은 **발효시킨** 음식이에요. Le *kimchi* et le *doenjang* sont des aliments fermentés.
오므리다 [omeurida]	fermer, souder	• 소를 넣고 반죽을 **오므리세요.** Ajoutez la garniture et soudez la pâte. • 만두소를 넣고 반죽을 **오므린** 다음 모양을 만드세요. Ajoutez la garniture du *mandu* et, après avoir fermé la pâte, façonnez le *mandu*.

Parlons coréen !

흑설탕과 견과류로 만들어요.

Audio 143

A 호떡 소는 뭐로 만들어요? Avec quoi fait-on la garniture du *hotteok* ?

B 흑설탕과 견과류로 만들어요. On la fait avec du sucre brun et des noix.

« N + (으)로 » est une particule postpositionnelle nominale. On l'utilise pour indiquer un complément circonstanciel de moyen ou de manière. C'est l'équivalent en français d' « avec… », « en… », « à… » selon le contexte.

Consonne finale O + 으로 : 닭 + 으로 → 닭으로

Consonne finale X / ㄹ + 로 : 우유 + 로 → 우유로　　달걀 + 로 → 달걀로

Ex 삼계탕은 닭으로 만든다.　　치즈는 우유로 만든다.

Exercice

A 이거 뭐로 만든 거예요? Avec quoi fait-on cela ?

B 감자로 만든 거예요. On le fait avec des pommes de terre.

닭고기 | 된장 | 김치 | 순두부 | 미역

집에서 만들 수 있어요.

Audio 144

A 호떡을 집에서 만들 수 있어요? Est-ce que je peux faire des *hotteok* à la maison ?

B 네, 집에서 만들 수 있어요. Oui, vous pouvez en faire à la maison.

« V + -(으)ㄹ 수 있어요 » est une expression qui indique une possibilité.

Consonne finale O + -을 수 있어요 : 먹(다) + -을 수 있어요 → 먹을 수 있어요

Consonne finale X + -ㄹ 수 있어요 : 요리하(다) + -ㄹ 수 있어요 → 요리할 수 있어요

Exercice

✦ 매운 음식을 먹을 수 있어요. Je peux manger de la nourriture épicée.

✦ 한국 음식을 요리할 수 있어요. Je peux cuisiner de la nourriture coréenne.

✦ 짜파구리를 끓일 수 있어요. Je peux préparer du *jjapaguri*.

감자전
Gamjajeon

Vidéo 037

◆ GAMJAJEON ◆

Le *gamjajeon* se prépare en râpant des pommes de terre crues et en les mélangeant avec de l’eau et de la fécule, puis en les faisant frire dans de l’huile. Il ne nécessite pas beaucoup d’ingrédients et il est facile à réaliser. Avec le *kimchijeon* et le *nokdujeon* (crêpe aux haricots mungo), ce plat savoureux et moelleux constitue un excellent en-cas et un plat d’accompagnement pour les jours de pluie. Vous pouvez également ajouter des piments verts, des oignons, etc. pour une saveur fraîche et piquante.

재료 INGRÉDIENTS

2-3인분 Pour 2-3 personnes

감자 3개 (400g)
3 pommes de terre (400 grammes)

소금 1/2작은술
1/2 cuillère à café de sel

식용유 4큰술
4 cuillères à soupe d'huile de cuisson

홍고추 또는 풋고추1/2개 (생략 가능)
1/2 piment rouge ou piment vert (peut être omis)

Sauce & Marinade

초간장
MÉLANGE DE SAUCE SOJA ET DE VINAIGRE

간장 1큰술
1 cuillère à soupe de sauce soja

식초 1큰술
1 cuillère à soupe de vinaigre

물 1/2큰술
1/2 cuillère à soupe d'eau

풋고추 1/2개 (생략 가능)
1/2 piment vert (peut être omis)

준비 PRÉPARATION

- 감자는 갈아서 사용할 것이기 때문에 큰 것이 편하다.
  Préférez les grosses pommes de terre, plus faciles à râper.

요리 RECETTE

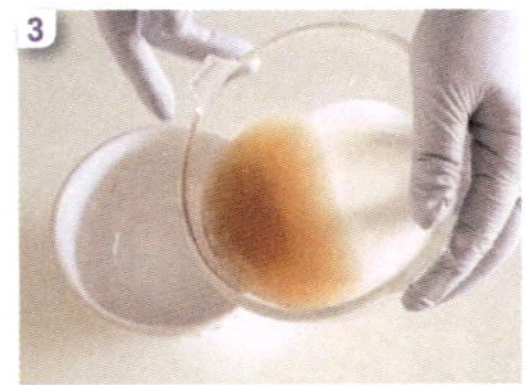

1 감자는 껍질을 까고 강판에 갈아서 짜지 말고 체에 밭쳐서 수분과 건더기를 분리한다.
Épluchez des pommes de terre et râpez-les sans les écraser, séparez le liquide de la chair des pommes de terre en les filtrant à travers un tamis.

2 풋고추는 어슷썰기 하고 초간장 재료를 섞어 썰어 놓은 고추를 1–2개 띄운다.
Tranchez le piment vert en biais, mélangez la sauce soja et le vinaigre et ajoutez 1 à 2 tranches de piment sur le dessus.

3 감자에서 나온 물을 잠시 그대로 두었다가 전분이 가라앉으면 윗물을 따라 버린다.
Laissez reposer l'eau des pommes de terre jusqu'à ce que l'amidon se forme puis versez.

4 전분과 갈아 놓은 감자, 소금을 골고루 섞어 반죽을 만든다.
Mélangez l'amidon et les pommes de terre râpées uniformément avec du sel pour faire une pâte.

5 프라이팬에 기름을 두르고 반죽을 한 국자씩 떠서 동그랗게 펴고 어슷썰기 한 고추를 올려 장식한다.
Enduisez une poêle d'huile, versez une louche de pâte à la fois, étalez-la en rond et décorez en plaçant le piment vert tranché en biais sur le dessus.

6 중약불에서 앞뒤로 뒤집어 가며 노릇하게 지져, 초간장을 곁들여 낸다.
À feu moyen-doux, faites frire jusqu'à obtenir une couleur dorée en retournant la crêpe, puis servez avec le mélange de sauce soja et de vinaigre.

Vocabulaire

Audio 145

재료 INGRÉDIENTS

감자 [gamja]
pomme de terre

note
Les pommes de terre sont consommées bouillies ou rôties, mais également utilisées comme ingrédient principal ou secondaire dans différents plats, y compris les plats frits, les plats braisés, les ragoûts, les soupes, etc.

식초 [sikcho]
vinaigre

note
On utilise généralement le vinaigre comme assaisonnement, mais également pour rehausser la saveur de légumes crus assaisonnés, du *gochujang*, de la sauce soja, etc.

Audio 146

요리 RECETTE

Forme infinitive	Signification	Exemples
까다 [kkada]	peler, éplucher	• 감자는 껍질을 **까고** 강판에 가세요. Épluchez les pommes de terre et râpez-les avec une râpe. • 마늘 껍질을 **까세요.** Pelez la peau de l'ail.
밭치다 [batchida]	filtrer	• 강판에 간 감자를 체에 **밭치세요.** Filtrez les pommes de terre râpées à travers un tamis. • 씻은 야채를 체에 **밭쳐서** 물기를 빼세요. Filtrez les légumes lavés dans un tamis pour enlever l'eau.
두르다 [dureuda]	graisser, enduire d'huile	• 프라이팬에 식용유를 **두르세요.** Enduisez la poêle d'huile de cuisson. • 식용유를 **두른** 팬에 반죽을 얹으세요. Mettez la pâte dans une poêle graissée avec de l'huile de cuisson.

Parlons coréen !

Audio 147

감자를 사러 가요.

A 어디에 가요? Où allez-vous ?

B 감자를 사러 가요. Je vais acheter des pommes de terre. (*Litt.* « Je sors pour acheter des pommes de terre. »)

On utilise la locution verbale « V + -(으)러 가다 » pour indiquer le but d'une action. C'est l'équivalent en français de « Pour… »

Consonne finale O + **-으러 가요**: 먹(다) + **-으러** → 먹으러 가요

Consonne finale X / ㄹ + **-러 가요**: 사(다) + **-러** → 사러 가요

놀(다) + **-러** → 놀러 가요

Exercice

A **어디에 가요?** Où allez-vous ?

B **저녁을 먹으러 가요.** Je vais dîner. (*Litt.* « Je sors pour manger le dîner. »)

파티를 하다 | 친구를 만나다

Audio 148

감자가 얼마예요?

A 감자가 얼마예요? Combien coûtent les pommes de terre ?

B 100g에 육백 원이에요. Elles sont à 600 won les 100 g.

얼마예요? « C'est combien ? » est une expression utilisée lorsque l'on demande le prix d'un article. Le 에 dans 100g에 signifie « pour » ou « les ». Pour les prix on utilise les nombres sino-coréens.

Ex **680원: 육백팔십 원** **1,300원: 천삼백 원**
78,000원: 칠만 팔천 원 **594,000원: 오십구만 사천 원**

Exercice

A **식초 1병에 얼마예요?** Combien coûte 1 bouteille de vinaigre ?

B **이천팔백 원이에요.** C'est 2 800 wons.

3,800원 (삼천팔백 원) | 1,600원 (천육백 원) | 4,700원 (사천칠백 원)

호박죽

Hobakjuk

Vidéo 038

• HOBAKJUK •

Le *hobakjuk* est préparée écrasant une citrouille bouillie et en y ajoutant de la farine de riz gluant. La couleur dorée et fine et le goût doux et sucré de la bouillie de citrouille sont agréables à l'œil et au palais. Autrefois, les gens cultivaient des citrouilles chez eux et les fruits, les feuilles et les racines étaient cuisinés de différentes manières pour être consommés. Le *hobakjuk* est doux et léger c'est pourquoi il est souvent dégusté au petit déjeuner, avant les repas ou comme en-cas. Le *hobakjuk* est faible en calories, ce qui en fait un plat de choix pour les personnes au régime.

재료 INGRÉDIENTS

3-4인분 Pour 3-4 personnes

늙은 호박 (또는 단호박) 600g
600 grammes de citrouille
(ou courgette coréenne)

강낭콩 (또는 팥) 1/2컵
1/2 verre doseur de haricots rouges
(ou pâte de haricots rouges)

찹쌀가루 3큰술
3 cuillères à soupe de farine
de riz gluant

설탕 2큰술
2 cuillères à soupe de sucre

소금 1작은술
1 cuillère à café de sel

물 4컵
4 verres doseurs d'eau

준비 PRÉPARATION

- 호박죽은 보통 늙은 호박으로 만들지만 단호박을 사용할 수도 있다.
  On fait généralement le *hobakjuk* avec de la citrouille ordinaire, mais vous pouvez aussi utiliser du potiron.

요리 RECETTE

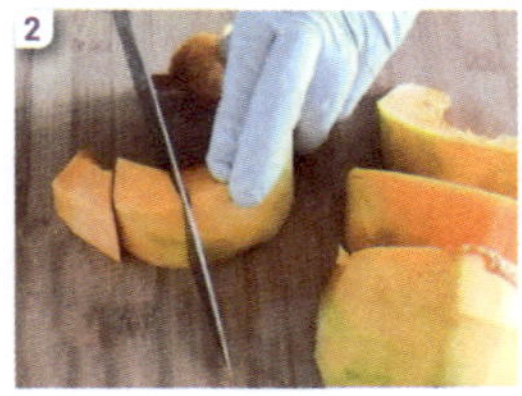

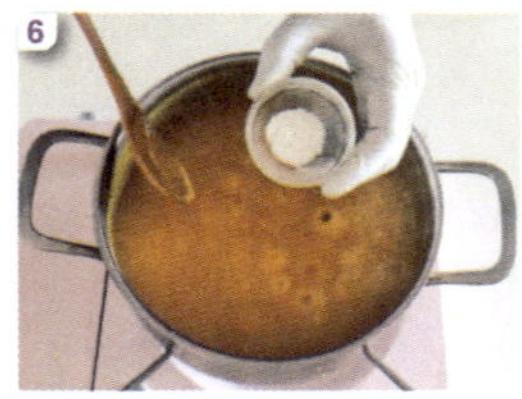

1 강낭콩 또는 팥은 불렸다가 냄비에 물을 넉넉히 붓고 무르도록 40분 정도 삶는다. 팥을 삶을 때에는 10분 정도 끓이다가 끓이던 물을 버리고 다시 물을 붓고 끓여야 한다.
Après avoir trempé les haricots rouges ou la pâte de haricots dans de l'eau, versez une quantité généreuse d'eau dans une casserole et faites bouillir pendant 40 minutes pour les ramollir. Lorsque vous faites bouillir les haricots rouges, vous devez changer l'eau toutes les 10 minutes.

2 호박은 전자레인지에 2분 정도 돌린 후 자른다. 호박의 속을 파내고 껍질을 벗겨 큼직하게 썬다. (단호박도 같은 방법으로 준비한다.)
Coupez la citrouille après l'avoir chauffée pendant 2 minutes au micro-ondes. Creuser l'intérieur, enlever la peau et coupez en gros morceaux. (Préparez le potiron de la même manière.)

3 손질한 호박과 물 3컵을 넣고 믹서기에 곱게 간다.
Ajoutez 3 verres doseurs d'eau à la chair de citrouille et émulsionnez finement dans un mixeur.

4 찹쌀가루에 물1컵을 넣고 덩어리가 생기지 않도록 풀어 준다.
Ajoutez 1 verre doseur d'eau à la farine de riz gluant et battez pour éviter les grumeaux.

5 냄비에 간 호박을 넣고 중약불에서 저어가며 끓이다가 끓어오르면, 찹쌀가루 푼 물, 강낭콩, 설탕을 넣고 걸쭉한 농도가 될 때까지 저어가며 끓인다.
Mettez la citrouille moulue dans une casserole, faites bouillir à feu moyen-doux en remuant, et une fois qu'elle arrive à ébullition, ajoutez-y le mélange d'eau et de farine de riz gluant, les haricots rouges et le sucre, et continuez à faire bouillir en remuant jusqu'à ce que le mélange épaississe.

6 냄비의 가운데까지 끓으면 기호에 따라 소금으로 간을 맞추고 완성한다.
Lorsque le centre de la bouillie est en ébullition, salez à votre goût.

Conseils

* Faites tremper les haricots rouges ou la pâte de haricots au préalable pour raccourcir le temps de cuisson.

Vocabulaire

Audio 149

재료 INGRÉDIENTS

늙은 호박 [neulgeun hobak]
citrouille

note
Contrairement à d'autres courges telles que la courgette coréenne, les citrouilles sont grandes et de couleur orange. Dans la cuisine coréenne, on les utilise lors de la fabrication du *juk* (bouillie, porridge) ou des *tteok*.

강낭콩 [gangnangkong]
haricot rouge

note
On consomme les haricots rouges cuits sur du riz et également comme ingrédient de la garniture des *tteok*, ou pour ajouter de la texture au *juk*.

Audio 150

요리 RECETTE

Forme infinitive	Signification		Exemples
짧아지다 [jjalbajida]	raccourcir	➡	• 콩을 불리면 삶는 시간이 **짧아져요.** Si vous faites tremper les haricots, le temps de cuisson sera raccourci. • 요리 시간이 **짧아지면** 좋겠어요. C'est mieux si le temps de cuisson est raccourci.
쉽다 [swiptta]	facile	➡	• 전자레인지에 돌리면 자르기 **쉬워요.** Si vous le chauffez au micro-ondes, il sera facile à couper. • 계속 저으면 **쉽게** 녹아요. Si vous continuez à remuer, il se dissoudra facilement.
파내다 [panaeda]	vider	➡	• 호박은 속을 **파내세요.** Creusez l'intérieur de la citrouille. • 속을 **파낸** 호박을 찜통에 찌세요. Faites cuire à la vapeur la citrouille évidée dans un cuiseur vapeur.

Parlons coréen !

삶기 전에 불리세요.

Audio 151

A 콩이 빨리 안 익어요. Les haricots ne cuisent pas rapidement.

B 삶기 전에 불리세요. Trempez-les avant de les faire bouillir.

On utilise la locution prépositionnelle « V + –기 전에 » pour indiquer qu'une action ou qu'un état est antérieur à l'action qui suit. C'est l'équivalent en français d'« avant ».

Ex 삶(다) + –기 전에 → 삶기 전에
끄(다) + –기 전에 → 끄기 전에

Exercice

- 불을 끄기 전에 파를 넣으세요. Ajoutez la ciboule avant d'éteindre le feu.
- 삼계탕을 먹기 전에 소금을 넣으세요. Ajoutez le sel avant de manger le *samgyetang*.
- 국물이 끓기 전에 고기를 넣으세요. Ajoutez la viande avant que la soupe ne parvienne à ébullition.

호박부터 잘라 주세요.

Audio 152

A 뭘 먼저 할까요? Que dois-je faire en premier ?

B 호박부터 잘라 주세요. Coupez d'abord la citrouille.

« N + 부터 » « depuis » est une particule postpositionnelle attachée après un nom pour indiquer le point de départ d'une action ou d'un état. Elle est fréquemment suivie de 까지, indiquant la fin « jusqu'à ».

Ex 호박부터 재료부터 1시부터 어제부터 여기부터

Exercice

A 뭐부터 넣을까요? Que dois-je ajouter en premier ? (*Litt.* « Depuis quoi devrais-je ajouter ? »)

B 고기부터 넣으세요. Ajoutez la viande en premier. (*Litt.* « Depuis la viande ajoutez. »)

파 | 닭고기 | 채소

Vidéo 039

◆ HOT-DOG ◆

Ce hot-dog est un en-cas composé d'une saucisse ou d'un fromage enfilé sur une brochette de bois et enveloppé dans une pâte à frire à base de farine. Il est frit et garni de sucre, de ketchup ou de moutarde. Autrefois, les hot-dogs étaient uniquement composés de saucisses, mais de nos jours, les hot-dogs au fromage, avec de la mozzarella à la place de la saucisse, sont très populaires. C'est une variante coréenne du hot-dog occidental, mais bien qu'ils ressemblent à une sorte de hot-dog sur brochette, ils sont fabriqués autrement et ont un goût très différent.

재료 INGRÉDIENTS

2인분 Pour 2 personnes

밀가루 250g
250 grammes de farine

설탕 30g
30 grammes de sucre

소금 4g
4 grammes de sel

드라이이스트 6g
6 grammes de levure sèche

달걀 1개
1 œuf

미지근한 물 1/2컵
1/2 verre doseur d'eau tiède

소시지 3개
3 saucisses

스트링치즈 2개 (또는 모차렐라 치즈)
2 bâtonnets de fromage friable (ou fromage mozzarella)

빵가루 100g
100 grammes de chapelure

나무 꼬치 5개
5 brochettes en bois

케첩
ketchup

식용유
huile de cuisson

준비 PRÉPARATION

- 꼬치의 길이에 맞추어 소시지와 치즈의 양을 가감하여 준비한다.
  Préparez la quantité de saucisse et de fromage nécessaires en fonction de la longueur des brochettes.
- 밀가루 대신 핫케이크 가루를 사용하면 반죽에 들어가는 설탕, 소금, 드라이이스트는 필요하지 않다.
  Si vous utilisez un mélange pour pancakes à la place de la farine, le sucre, le sel et la levure sèche pour la pâte ne sont pas nécessaires.

요리 RECETTE

1. 미지근한 물에 드라이이스트를 녹이고, 밀가루를 체에 내린다.
   Dissolvez la levure sèche dans de l'eau tiède et tamisez la farine avec un tamis.
2. 볼에 밀가루, 설탕, 소금, 드라이이스트 녹인 물, 달걀을 넣고 골고루 섞는다.
   Ajoutez la farine, le sucre, le sel, l'eau à la levure sèche dissoute et versez les œufs dans un bol. Mélangez de façon homogène.
3. 따뜻한 곳에서 반죽이 2배가 될 때까지 발효시킨다.
   Faites fermenter la pâte dans un endroit chaud jusqu'à ce qu'elle double de volume.
4. 소시지와 치즈는 꼬치의 길이에 맞추어 잘라 꼬치에 끼우고 밀가루를 입힌다.
   Coupez la saucisse et le fromage en fonction de la longueur des brochettes, enfilez-les sur les brochettes et trempez dans la farine.
5. 밀가루 입힌 꼬치를 반죽과 빵가루를 순서대로 입혀 섭씨 170도에서 튀긴다.
   Trempez les brochettes farinées dans la pâte à frire, puis dans la chapelure et faites frire à 170 degrés Celsius.
6. 튀겨진 핫도그를 기름을 빼고 케첩을 뿌린다. 기호에 따라 설탕, 머스터드를 뿌린다.
   Épongez l'huile des hot-dogs frits et saupoudrez de ketchup. Selon vos préférences, vous pouvez aussi les saupoudrer de sucre ou de moutarde.

Vocabulaire

Audio 153

재료 INGRÉDIENTS

빵가루 [ppangkkaru]
chapelure

note
On utilise de la chapelure pour obtenir une texture croustillante lors de la friture de poisson ou de viande.

소금 [sogeum]
sel

note
La cuisine coréenne comprend différents types de sels – le sel commun séché au soleil, le sel assaisonné, etc. Lors de la fabrication du *kimchi*, on utilise du sel séché au soleil, récolté naturellement après l'évaporation de l'eau de mer.

Audio 154

요리 RECETTE

Forme infinitive	Signification		Exemples
녹이다 [nogida]	dissoudre	➡	• 드라이 이스트를 물에 **녹이세요.** Dissolvez la levure sèche dans l'eau. • 설탕을 **녹인** 물을 준비하세요. Préparez de l'eau dans laquelle vous aurez dissous du sucre.
내리다 [naerida]	tamiser	➡	• 밀가루를 체에 **내리세요.** Tamisez la farine avec un tamis. • 체에 **내린** 밀가루에 이스트를 넣으세요. Ajoutez la levure à la farine tamisée.
되다 [doeda]	devenir	➡	• 반죽이 두 배가 **될** 때까지 기다려요. Attendez que la pâte double de volume. • 동그랑땡 모양이 예쁘게 **됐어요.** Le *donggeurangttaeng* a une belle forme ronde.

Parlons coréen !

소시지나 치즈 있어요?

Audio 155

A 소시지나 치즈 있어요? Avez-vous des saucisses ou du fromage ?

B 네, 둘 다 있어요. Oui, j'ai les deux.

On utilise « N + (이)나 » « … ou (bien) » pour exprimer que parmi deux objets ou plus, on n'en choisit qu'un.

Consonne finale O + **이나**: 호박이나 빵이나 마늘이나
Consonne finale X + **나**: 김치나 소시지나 파나

Exercice

A **어떤 재료가 필요해요?** De quels ingrédients avez-vous besoin ?

B **김치나 깍두기가 필요해요.** J'ai besoin de *kimchi* ou de *kkakdugi*.

양파 / 파 | 감자 / 고구마 | 새우젓 / 소금

요리를 잘해요?

Audio 156

A 요리를 잘해요? Vous cuisinez bien ?

B 아니요, 요리를 못해요. Non, je ne sais pas cuisiner.

On utilise l'expression « N + 을/를 잘하다 » pour indiquer qu'on est doué dans une activité. On signale l'activité par la particule de complément 을/를. L'expression opposée est « N + 을/를 못하다 ».

Consonne finale O + **을 잘해요 / 못해요**: 김치찜 + 을 잘해요 / 못해요
→ 김치찜을 잘해요 / 못해요

Consonne finale X + **를 잘해요 / 못해요**: 된장찌개 + 를 잘해요 / 못해요
→ 된장찌개를 잘해요 / 못해요

Exercice

A **한국 음식을 잘해요?** Vous cuisinez bien les plats coréens ?

B **네, 한국 음식을 잘해요.** Oui, je cuisine bien les plats coréens.

A **축구를 잘해요?** Vous jouez bien au football ?

B **아니요, 축구를 못해요.** Non, je ne sais pas jouer au football.

짜파구리

Jjapaguri

Vidéo 040

◆ JJAPAGURI (RAM-DON) ◆

Le *jjapaguri* est un plat découvert par le public coréen dans le film *Parasite* de Bong Joon-Ho. Ce plat doit sa célébrité au succès mondial du film. Le nom coréen combine les deux premiers caractères de *Jjapaghetti*, le nom d'un produit de nouilles instantanées, avec les deux derniers caractères de *Neoguri*, le nom d'un autre produit de nouilles instantanées. Comme son nom l'indique, le *jjapaguri* est cuisiné à partir de deux types de nouilles et a un goût vraiment unique.

재료 INGRÉDIENTS

2인분 Pour 2 personnes

짜파게티 라면 1봉
1 paquet de nouilles instantanées de marque Jjapaghetti

너구리 라면 1봉
1 paquet de nouilles instantanées de marque Neoguri

물 500ml
500 millilitres d'eau

소고기 스테이크용 200g
200 grammes de bœuf pour le steak

소금 약간
une pincée de sel

후춧가루 조금
une pincée de poivre noir moulu

CONSEILS

* Préférez un morceau de bœuf prévu pour le steak.

준비 PRÉPARATION

- 보통 2인분은 너구리1+짜파게티1, 3인분은 너구리1+짜파게티2 정도 준비한다.
Habituellement, pour 2 personnes, préparez 1 paquet de Neoguri et 1 paquet de Jjapaghetti, et pour 3 personnes, préparez 1 paquet de Neoguri et 2 paquets de Jjapaghetti.

- 만드는 방법은 삶은 면에 분말수프를 넣고 볶는 방법과 면을 삶으면서 분말수프를 넣고 한 번에 조리하는 방법이 있다. 여기서는 후자의 방법을 소개한다.
Vous pourrez réaliser ce plat en ajoutant l'assaisonnement en poudre aux nouilles déjà cuites et à la friture, ou en ajoutant l'assaisonnement en poudre tout en faisant bouillir les nouilles en même temps. Nous avons préféré cette deuxième méthode.

요리 RECETTE

1. 소고기는 소금과 후춧가루를 뿌려 둔다.
Saupoudrez le bœuf de sel et de poivre noir moulu.

2. 냄비에 물이 끓으면 면 2개와 후레이크 2개, 너구리 분말수프 1/2, 다시마를 먼저 넣는다. Faite bouillir de l'eau dans une casserole, ajoutez deux blocs de nouilles instantanées, l'algue *dashima*, les légumes séchés et la moitié de l'assaisonnement en poudre Neoguri.

3. 라면이 끓는 동안 중불에서 소고기를 원하는 정도로 익혀 프라이팬에 그대로 둔다.
Pendant que les nouilles cuisent, faites griller le bœuf à feu moyen et réservez dans la poêle.

4. 라면이 반쯤 익으면 짜파게티의 분말수프와 포장된 오일을 넣고 끓인다.
Lorsque les nouilles sont à moitié cuites, ajoutez l'assaisonnement en poudre Jjapaghetti et le paquet d'huile, puis faites bouillir.

5. 수프가 뭉치지 않고 잘 섞이도록 저어 주며 국물이 2큰술 정도 남을 때까지 졸인다.
Remuez pour bien mélanger afin que l'assaisonnement en poudre ne s'agglutine pas et réduisez jusqu'à ce qu'il reste environ 2 cuillères à soupe de bouillon.

6. 국물이 2큰술 정도 남으면 프라이팬에 있는 육즙을 넣고 섞은 후 그릇에 담고 소고기를 얹는다. Lorsqu'il reste 2 cuillères à soupe de bouillon, ajoutez la sauce de bœuf de la poêle et, après avoir mélangé, mettez dans un bol et placez le bœuf sur le dessus.

Vocabulaire

Audio 157

재료 INGRÉDIENTS

채끝 [chaekkeut]
filet

note
C'est la partie inférieure du filet. Ce morceau de bœuf contient peu de gras.

라면 [ramyeon]
ramyeon

note
Quand les Coréens disent « ramyeon », ils font généralement référence à des nouilles instantanées. Les Coréens sont habitués aux épices et la plupart des *ramyeon* ont un goût assez épicé. En plus de l'assaisonnement en poudre pour *ramyeon*, il existe d'autres types de *ramyeons* comme le *jjajang* (haricot noir) *ramyeon* ou le *bibim* (mélange épicé) *ramyeon*, etc.

Audio 158

요리 RECETTE

Forme infinitive	Signification		Exemples
조리하다 [jorihada]	cuisiner, faire de bons petits plats	➡	• 제가 **조리하는** 방법과 달라요. Ma méthode de cuisson est différente. • 순서에 따라 **조리해요**. Cuisez selon les étapes.
요리하다 [yorihada]	cuisiner	➡	• 호박과 양파로 무슨 음식을 **요리할까요**? Quel genre de plat devrions-nous cuisiner avec de la courgette et de l'oignon ? • 저는 지금 **요리해요**. Je cuisine en ce moment.
남다 [namtta]	laisser	➡	• 고기가 익으면 프라이팬에 **남겨** 두세요. Lorsque la viande est cuite, réservez dans la poêle. • 국물이 두 큰술 **남으면** 불을 끄세요. Lorsqu'il reste 2 cuillères à soupe de bouillon, éteignez le feu.

Parlons coréen !

3분 더 끓이세요.

Audio 159

A 얼마나 더 끓여야 돼요? Combien de temps faut-il encore laisser cuire la préparation ?

B 3분 더 끓여야 돼요. Il faut encore la cuire pendant 3 minutes.

Le 분 dans 3분 est une unité de temps signifiant « minutes ». Avec ~분 on utilise les nombres sino-coréens.

1	2	3	4	5	6	7	8	9	10	20	30	+ 분
일	이	삼	사	오	육	칠	팔	구	십	이십	삼십	

Ex 8분 → 팔 분 30분 → 삼십 분 15분 → 십오 분

Exercice

A 몇 분 지났어요? Combien de minutes se sont écoulées ?

B 7분 지났어요. 7 minutes se sont écoulées.

이십구 분(29분) 사십 분(40분)

열한 시예요.

Audio 160

A 몇 시예요? Quelle heure est-il ?

B 11시예요. Il est 11 heures.

Le 시 dans 11시 est une unité de temps de l signifiant 시간 « heures ». Avec ~시, on utilise les nombres sino-coréens.

1	2	3	4	5	6	7	8	9	10	11	12	+ 시
한	두	세	네	다섯	여섯	일곱	여덟	아홉	열	열하나	열두	

Exercise

A 몇 시예요? Quelle heure est-il ?

B 열 시 사십오 분이에요. (10:45) Il est 10:45.

여덟 시 육 분(8:06) 열두 시 사십칠 분(12:47) 아홉 시 십오 분(9:15)

Appendice

Explication en coréen

Index

Ingrédients / Vocabulaire culinaire

Explication en coréen

한식 조리의 기본

미리 배우는 기본 썰기 p.14

어슷썰기 대파, 당근 등 긴 재료를 써는 방법으로 칼을 옆으로 비스듬하게 사선으로 하여 썬다.

송송 썰기 풋고추나 쪽파 등을 작은 크기로 써는 방법이다. 보통 음식 위에 얹는 고명이나 양념장을 만들 때 송송 썰기 한다.

반달썰기 호박, 감자, 당근 등을 세로로 반 자른 후 일정하게 반달 모양으로 써는 방법이다.

깍뚝썰기 무, 감자 등을 주사위처럼 정육면체 모양으로 써는 방법이다.

나박 썰기 무 등을 가로, 세로가 비슷한 사각형으로 썬 재료를 다시 얇게 써는 방법이다.

편 썰기 마늘 등을 원하는 두께로 고르고 얇게 써는 방법이다.

채썰기 재료를 원하는 길이로 얇게 편을 썬 다음 겹쳐 놓고 일정한 두께로 가늘게 써는 방법이다.

다지기 채를 썬 재료를 가지런히 모아서 다시 작게 써는 방법이다.

먼저 알아두면 유용한 요리 용어 p.15

한소끔 끓이다 국, 찌개 등을 끓일 때 국물이 한번 끓어 오르는 것을 나타내는 말로 국물 요리를 할 때 많이 사용된다.

한 꼬집 소금이나 설탕 등을 엄지와 검지로 집었을 때의 양을 의미하며 아주 적은 양을 넣어야 할 때 사용하는 말이다.

밑간 음식을 만들기 전에 재료에 간이 잘 배어들도록 미리 간장이나 소금 등으로 재워 놓는 것을 말한다.

자작하다 재료가 국물 밖으로 보일 듯 말 듯 할 정도로 국물이 졸아들어 적은 상태를 의미한다.

무르다 단단한 것이 물렁거리는 상태가 되는 것을 의미한다.

익다 고기나 채소, 곡식 등 날것에 뜨거운 열을 가하여 그 성질과 맛이 달라지는 것을 말한다.

재우다 음식의 맛이 들도록 미리 양념을 무치거나 발라서 일정 시간 놔두는 것을 의미한다.

달구다 프라이팬을 불 위에 올려서 뜨겁게 하는 것을 말한다.

지지다 재료를 불에 달군 프라이팬에 기름을 바르고 부쳐서 익히는 것을 말한다.

두르다 프라이팬에 기름을 고르게 바르거나 얹는 것을 말한다.

데치다 채소, 해산물 등을 끓는 물에 넣어 살짝 익히는 것을 의미한다.

삶다 재료를 물에 넣고 끓이는 것을 말한다.

치대다 반죽 따위를 자꾸 문질러서 덩어리가 없이 점성이 생기게 하는 것을 말한다.

버무리다 여러 가지 재료를 한데에 뒤섞는 것을 의미한다.

찌다 채소나 떡 등을 뜨거운 김으로 익히거나 데우는 것을 의미한다.

뜸 들이다 음식을 삶거나 혹은 밥을 할 때, 열을 가한 뒤 한동안 뚜껑을 열지 않고 잠시 그대로 두어 충분히 잘 익게 하는 것을 말한다.

한식 요리의 계량 및 불의 세기 p.16

◆ 계량

- **액체류** 계량컵에 가득 채우기
- **가루 또는 알갱이류** 가득 담아 윗면을 평평하게 한다. (윗면 깎기)

◆ 불의 세기

강불/센 불 국물 같은 액체류를 끓일 때, 한소끔 끓일 때, 재료를 빠르게 볶을 때 사용한다.

중불 프라이팬을 달궈야 할 때, 볶음이나 조림 등을 할 때 사용한다.

약불 국물의 깊은 맛을 내거나 단단한 재료를 익히는 등 오랫동안 가열해야 할 때, 음식의 모양을 만들 때, 음식의 뜸을 들여야 할 때 사용한다.

한식에 쓰이는 양념 p.17

- 간장의 종류에 따른 활용
  - 국간장: 국, 나물무침 등
  - 양조간장: 조림, 볶음 등
  - 진간장: 불고기, 갈비 등

한국의 대표 김치 p.18

김치는 제일 먼저 떠오르는 한식 메뉴이며, 한국의 전통 발효 음식의 대표이기도 하다. '김치' 하면 보통은 '배추김치'를 떠올리지만,

김치는 배추, 무, 오이 등과 같은 채소를 소금에 절였다가 고춧가루를 비롯한 각종 양념을 넣어 버무린 후 발효시켜 만든 한국 고유의 발효 음식이다. 김치는 다양한 채소를 주재료로 하여 만들 수 있어서, 배추김치, 깍두기, 오이소박이, 열무김치, 총각김치, 갓김치, 나박김치 등 그 종류도 매우 다양하다.

배추김치 보통 '김치'라고 하면 떠올리게 되는 것이 배추김치이다. 통배추를 2등분 또는 4등분하여 소금물에 절인 다음 무채와 각종 양념으로 만든 소를 배춧잎 사이사이에 넣어 만들고 통에 담아 숙성시킨다. 이처럼 배추김치를 잘게 자르지 않고 통으로 만든 것을 '포기김치'라고 하며 저장 기간이 긴 김장은 포기김치의 형태로 만든다.

오이소박이 칼집을 낸 오이를 소금에 절여서 양념한 부추소를 칼집 사이사이에 채워 만든 것으로 주로 봄부터 여름에 만들어 먹는다.

깍두기 무를 주사위 모양으로 깍뚝썰기 하여 소금에 절인 뒤 고춧가루와 각종 양념으로 버무려 담근 김치이다.

총각김치 총각무를 무청까지 같이 사용하는데, 무가 큰 것은 적당한 크기로 길게 잘라 소금에 절여서 각종 양념으로 버무려 담근 김치이다.

○ 한식 요리의 시작, 밥 짓기 p.19

한국인의 대표 주식이며 한식의 기본인 밥은 마른 쌀을 서너 번 씻고 헹구어 물을 넣고 열을 가하여 익힌 음식이다. 솥(혹은 냄비)에 밥을 할 때에는 물의 양을 조절하는 것뿐만 아니라 불 조절을 잘해야 찰지고 맛있는 밥을 지을 수 있었다. 하지만 전기밥솥이 대중화되면서 물의 양만 맞추면 원하는 맛의 맛있는 밥을 지을 수 있다. 주로 쌀만으로 밥을 짓지만 콩, 팥, 보리 등을 넣어 잡곡밥을 짓기도 한다.

재료 2-3인분 쌀(멥쌀) 2컵, 물 2와 1/4컵

재료 준비

1. 밥을 할 때에 물의 양은 마른 쌀의 경우 쌀 부피의 1.2배(또는 중량의 1.5배)이며, 불린 쌀은 쌀과 물이 1:1의 비율로 물을 붓는다.

2. 전기밥솥을 이용하여 밥을 짓는 경우는 만들기 1-3의 과정을 거친 후 전기밥솥의 사용법에 따라 밥을 하면 된다.

만들기

1. 쌀을 바가지나 큰 그릇에 담고 물을 충분히 부은 뒤 재빨리 섞어서 바로 물을 따라 버리고 힘 있게 비벼 주는 동작을 반복하여 쌀 표면의 불순물을 제거한다. 물이 맑아질 때까지 서너 차례 반복하여 헹군다.

2. 쌀이 충분히 잠길 정도로 물을 붓고 여름에는 30분, 겨울에는 2시간 정도 불린다.

3. 솥(혹은 냄비)에 쌀을 담고 분량의 물을 부어 센 불에서 끓이다가 물이 끓기 시작하면 중불로 줄여 넘치지 않을 정도로 4-5분 끓게 놔 둔다.

4. 불을 중불에서 약불로 줄여 밥물이 잦아들 때까지 10-15분 정도 뜸을 들인다.

5. 불을 끄고 뚜껑을 덮은 채로 5분 두었다가 주걱으로 아래위를 잘 섞어 준다.

한식 레시피

1 김치 Kimchi

김치찌개 Kimchijjigae p.22

김치찌개는 잘 익은 신김치로 만든 찌개 요리로, 한식 밥상에 곁들이는 가장 흔한 메뉴 중 하나이며 김치로 만든 대표적인 음식이다. 겨울철 김장 김치가 봄이 되면서 물러지고 신맛이 날 때 찌개로 끓여 먹던 음식으로, 보관 기술이 발달하면서 계절에 관계없이 먹는 음식이 되었다. 돼지고기, 소고기, 멸치, 참치 등 함께 넣은 재료에 따라 다양한 맛을 즐길 수 있다.

Parlons coréen ! p. 25

안녕하세요?

'안녕하세요?'는 누군가를 만났을 때 시간과 관계없이 격식을 차리지 않고 할 수 있는 인사말이다. 이에 비해 '안녕하십니까?'는 정중한 인사말이며, 친구나 아랫사람에게는 '안녕'을 사용할 수 있다.

김치찌개입니다.

'입니다'는 존댓말로 사물, 사람의 이름, 국적 등과 함께 'N + 입니다' 형태로 쓰인다. '입니까?'는 '입니다'의 의문형이다. '이게'는 '이것이'의 줄임말로 ≪ ceci/cela ≫ 의 의미이다.

김치볶음밥 Kimchi-bokkeumbap p.26

김치볶음밥은 밥과 잘게 썬 김치 또는 추가로 햄, 소시지 등을 넣고 볶은 밥이다. 김치볶음밥은 한국에 프라이팬이 도입되면서 생겨난 음식이며, 김치와 밥만으로 맛있고 근사한 한 그릇 음식을 만들 수 있다. 김치볶음밥은 김치 종류 중 보통 배추김치를 사용하며, 최근에는 깍두기를 잘게 썰어 만들기도 하며 달걀프라이, 치즈 등을 얹어 먹기도 한다.

Parlons coréen ! p. 29

김치찌개가 아닙니다.

'김치찌개' 뒤에 붙은 '이'는 주격 조사이다. 주격 조사는 앞에 오는 명사가 자음으로 끝나면 '이'를 모음으로 끝나면 '가'를 붙인다. 'N + 이/가 아닙니다'는 'N + 입니다'에 대한 부정의 의미를 나타낸다.

그게 김치입니다.

'이게', '그게', '저게'는 '이것이', '그것이', '저것이'의 줄임말로 '이것', '그것', '저것'에 주격 조사 '이'가 붙은 것이다. '이것'은 화자에게 가까운 사물을, '그것'은 청자에게 가까운 사물을, '저것'은 화자와 청자 모두에게서 멀리 있는 사물을 가리킬 때 쓰인다.

김치전 Kimchijeon p.30

김치전은 밀가루 반죽에 김치를 송송 썰어 넣고 프라이팬에 지글지글 부친 전의 한 종류이다. 김치찌개, 김치볶음밥과 함께 김치를 활용한 대표적인 음식이다. 간식으로 많이 먹으며 반찬이나 술안주로도 즐겨 먹는다. 오징어, 새우 같은 해산물이나 햄, 소시지 등 김치와 잘 어울리는 재료를 더 넣으면 특별한 김치전을 만들 수 있다.

Parlons coréen ! p. 33

밀가루예요.

'예요'는 ≪ être ≫ 와 같은 뜻이며 반드시 끝음절이 모음으로 끝나는 명사 뒤에 붙여서 쓴다. '예요' 뒤에 물음표(?)를 붙이면 의문문, 온점(.)을 붙이면 평서문이 된다.

김치전이에요.

'이에요'는 '예요'처럼 ≪ être ≫ 의 뜻이며 반드시 끝음절이 자음으로 끝나는 명사 뒤에 붙여서 쓴다. '이에요' 뒤에 물음표(?)를 붙이면 의문문, 온점(.)을 붙이면 평서문이 된다.

김치찜 Kimchijjim p.34

김치찜은 묵은지 또는 신 김치에 두툼한 돼지고기를 넣고 국물을 자작하게 조려 익힌 찜 요리이다. 약불에서 오랫동안 끓이기 때문에 김치와 돼지고기가 매우 부드러우며 두 재료가 어우러진 국물 맛도 일품이다. 재료는 돼지고기 김치찌개와 거의 같지만 김치찌개보다 돼지고기가 더 많이 들어가서 주요리에 속한다.

Parlons coréen ! p. 37

이 음식은 김치찜이에요.

'은/는'은 화제를 나타내는 말 뒤에 붙는 조사이다. 앞에 오는 말이 자음으로 끝나면 '은', 모음으로 끝나면 '는'을 사용한다.

오늘 메뉴가 뭐예요?

'뭐예요?'에서 '뭐'는 ≪ quoi ≫ 의 의미로 '뭐예요?'는 ≪ Quel(le) est ≫ 의 의미가 된다.

배추김치 Baechukimchi p.38

배추를 소금에 절여 고춧가루, 무채, 파, 마늘, 젓갈 등으로 소를 만들어 배추 사이에 채워 넣기고 하고, 절인 배추에 고춧가루, 파, 마늘 젓갈 등의 양념을 넣고 버무리기도 하여 발효시킨 음식이다. 배추김치는 한식의 대표적인 음식으로 한식 상차림의 기본 반찬이다. 한국에는 추운 겨울이 오기 전 많은 양의 김치를 담가 보관하던 '김장' 문화가 있다.

Parlons coréen ! p. 43

요리해요.

'해요'는 동사 '하다'의 활용형으로 어미 '-여요'가 붙은 형태이며, '해요?'는 의문형이다. '해요'는 단독으로 쓰일 수도 있고, 'N + 해요'의 형태로 일부 명사와 결합하여 동사로 쓰인다.

언제 해요?

'언제'는 시간을 묻는 의문사이며, '언제 해요?'에 대한 대답은 '언제' 자리에 시간을 나타내는 말을 넣으면 된다.

2 쌀 Riz

떡꼬치 Tteok-kkochi p.44

떡꼬치는 떡볶이떡을 꼬치에 나란히 끼워서 튀기거나 프라이팬에 기름을 넉넉히 넣고 구워서 소스를 발라 먹는 음식이다. 떡볶이와는 다르게 겉은 바삭하고 속은 쫄깃하다. 기름에 튀기거나 구웠기 때문에 고소하면서도 고추장과 케첩을 섞은 소스 때문에 매콤한 맛과 새콤달콤한 맛을 동시에 느낄 수 있다. 떡볶이와 함께 길거리 음식으로도 유명하며 요즘은 집에서도 간식으로 많이 만들어 먹는다.

Parlons coréen ! p. 47

떡볶이하고 달라요.

'N + 하고 다르다'의 '하고'는 다른 것과 비교하거나 기준으로 삼는 대상임을 나타내는 조사이다. 'N_1 + 하고 N_2'와 다른 의미이다.

정말 맛있네요.

'-네요'는 생각이나 느낌의 감탄을 나타내는 종결 어미이다. 'V/A + -네요'의 형태로 활용한다.

떡볶이 Tteokbokki p.48

떡볶이는 가래떡을 한입 크기로 썰거나 떡볶이떡으로 만들어진 것을 고추장, 어묵 등과 함께 끓여 먹는 매콤한 음식이다. 쫄깃한 떡에 매콤하면서도 달달한 국물을 듬뿍 찍어 먹으면 더욱 맛있다. 떡볶이는 대표적인 길거리 음식이기도 한데, 함께 파는 튀김이나 순대를 함께 먹어도 잘 어울린다. 떡볶이떡은 쌀떡과 밀떡이 있으며 기호에 따라 선택하면 된다.

Parlons coréen ! p. 51

고추장을 넣었어요.

'-았/었-'은 어떤 동작이나 상태가 끝난 상태를 나타내는 과거 시제 선어말 어미이다.

고추장 때문에 매워요.

'때문에'는 'N + 때문에'의 형태로 사람이나 사물이 어떤 일의 원인이나 까닭임을 나타낼 때 쓰인다.

궁중떡볶이 Gungjungtteokbokki p.52

가래떡을 한 입 크기 정도로 썰어 소고기, 표고버섯 등을 넣고 간장, 참기름으로 양념하여 볶은 음식이다. 예부터 궁중에서 즐겨 먹었기 때문에 궁중떡볶이라고 하며 고추장이 아닌 간장을 사용하여 간장떡볶이라고도 한다. 맵지 않고 간장에 볶은 떡, 소고기, 버섯의 맛이 조화를 이룬다. 최근에는 파프리카, 당근 등을 같이 넣어 보는 즐거움을 높이기도 한다.

Parlons coréen ! p. 55

짜요? 싱거워요?

'짜다', '싱겁다'는 맛을 표현하는 단어이다. 이 외에도 맛을 나타내는 단어로는 '맵다', '달다' 등이 있다.

이건 맵지 않아요.

'-지 않다'는 어떤 행동이나 상황을 부정할 때 사용되며, '안'과 같은 의미이다.

비빔밥 Bibimbap p.56

비빔밥은 밥 위에 각종 나물과 고기를 올리고 고추장이나 간장을 넣어 비벼 먹는 음식이다. 예전에는 '비빔밥' 대신 '어지럽게 섞는다'는 의미의 '골동반'이라고 불렀다. 비빔밥은 한식을 대표하는 메뉴이며 한국인은 외국인들에게도 인기가 많다. 나물을 만들기 어려운 경우는 밥에 나물 대신 각종 볶은 채소와 고추장을 넣어 비벼 먹기도 한다.

Parlons coréen ! p. 59

가끔 먹어요.

'자주', '가끔'은 어떤 현상이나 일이 반복되는 정도를 나타내는 부사이다. 빈번한 정도에 따라 다음과 같은 단어를 사용할 수 있다.

비빔밥을 먹어 봤어요?

'아/어 보다'는 시도했거나 경험했던 행동에 대해 말할 때 사용하는 표현이다.

김밥 Gimbap p.60

김밥은 김 위에 밥을 얇게 펴고 그 위에 단무지, 달걀, 당근을 비롯하여 햄, 어묵, 다양한 채소들을 넣고 말아서 먹는 음식이다. 김밥은 간편하게 먹을 수 있어서 소풍이나 여행을 갈 때 또는 도시락 메뉴로 유명하다. 속 재료에 따라 참치 김밥, 김치 김밥, 달걀 김밥, 치즈 김밥 등이 있으며 색색의 여러 가지 재료가 어우러져 보는 즐거움을 더해 준다.

Parlons coréen ! p. 64

집에서 먹었어요.

'에서'는 행동이 이루어지고 있는 장소를 나타내는 조사이다. 'N + 에서'의 형태로 장소를 나타내는 명사에 붙여 쓴다.

김발로 말아 보세요.

'-아/어 보세요'는 다른 사람에게 어떤 일을 해 보도록 권유할 때 사용하는 표현이다.

3 달걀 · 두부 Œufs · Tofu

달걀말이 Dalgyalmari p.65

달걀을 풀은 물을 그대로 또는 송송 썬 파 등의 채소를 넣고 팬에서 익히면서 둥글게 만 음식이다. 달걀 풀은 물을 말아서 만들었기 때문에 '달걀말이'라고 하며 '계란말이'라고도 한다. 파 외에도 당근, 양파 등 다진 채소와 햄, 소시지, 치즈 등을 넣어 다양하게 응용이 가능하며, 도시락 반찬으로 많이 활용된다.

Parlons coréen ! p. 67

누가 만들었어요?

'누가'는 '누구 + 가'의 줄임 형태이며, '누구'는 'who', '가'는 주격 조사이다. '지수 씨'는 사람의 이름에 '씨'를 붙여 그 사람을 높여 부르는 말이다. 질문 받은 사람이 본인이 주체가 되어 답하는 때는 자신을 낮추어 상대방을 높이는 '제가'를 사용한다.

달걀말이를 만들까요?

'V + -(으)ㄹ까요?'는 어떤 일에 대하여 상대방의 의사를 묻는 종결 어미이다.

계란찜 Gyeranjjim

p.68

계란찜은 새우젓이나 소금으로 간을 하여 직화 또는 중탕으로 쪄 낸 음식이다. 달걀물에 당근, 양파, 대파 등을 넣어 예쁜 색깔의 달걀찜을 만들 수 있다. 계란찜은 부드럽고 자극적이지 않아 아이들한테도 인기가 있는 반찬이며, 매운 음식과도 잘 어울린다. 요즘은 뚝배기를 사용하여 직화로 익히는 방법이 인기가 있는데 이것을 '폭탄 계란찜'이라고 한다.

Parlons coréen ! p. 71

기다려야 돼요.

동사 뒤에 '-아/어야 돼요'를 붙이면 어떤 행동이나 상황의 필요성을 나타낸다. 'V + -아/어야 돼요?'는 의문형이다.

대파를 넣고 섞으세요.

'-고'는 어떤 일의 행동을 순서에 따라 연결하는 어미이다. 'V_1 + 고 V_2'의 형태로 V_1이 V_2보다 먼저 행해진다.

두부부침 Dububuchim

p.72

두부를 들기름에 노릇노릇하게 지져서 참기름, 깨소금을 넣은 간장에 찍어 먹는 음식이다. 들기름 두부부침은 들기름의 풍미와 두부의 고소함을, 달걀 두부부침은 부드러움과 고소함을 즐길 수 있다. 두부는 예부터 서민들이 단백질 섭취를 위해 즐겨 먹던 식재료이며, 두부부침은 명절에 만드는 전의 한 종류이지만 평소에도 쉽게 만들어 먹는다.

Parlons coréen ! p. 75

뒤집어도 돼요?

'V + -아/어도 돼요?'는 어떤 동작에 대해 다른 사람의 동의를 얻을 때 사용한다. 긍정 대답은 'V + -아/어도 돼요', 부정 대답은 '안 돼요'를 사용한다.

뜨거우니까 조심하세요.

'V + -(으)니까'는 앞의 절이 뒤에 나오는 절의 원인이나 근거가 됨을 나타낼 때 사용하는 연결 어미이다.

두부김치 Dubukimchi

p.76

두부김치는 따뜻한 두부에 기름에 볶은 김치를 곁들인 음식이다. 두부와 볶은 김치를 함께 먹으면 두부의 부드럽고 고소한 맛과 김치의 깊은 맛과 아삭한 식감이 어우러져 입을 즐겁게 한다. 뽀얀 두부와 발그스름한 김치는 보는 것만으로도 식욕을 자극한다. 두부김치는 한국 술 막걸리나 소주와도 잘 어울려 안주로도 인기가 많다.

Parlons coréen ! p. 79

김치를 볶아 주세요.

'V + -아/어 주다'는 다른 사람을 위해 어떤 동작을 함을 나타내는 표현이다. 주로 다른 사람에게 무언가를 제안하거나 약속할 때, 다른 사람에게 부탁할 때 사용한다.

김치가 조금 매워요.

'맵다'가 모음으로 시작하는 어미 '-어요'과 결합할 때 어간의 받침 'ㅂ'이 '우'로 바뀌는데, 이를 'ㅂ불규칙'이라고 한다. '굽다', '아름답다' 등이 이에 해당한다.

순두부찌개 Sundubujjigae

p.80

순두부에 돼지고기, 소고기, 조개류 등과 고춧가루를 넣고 바글바글 끓인 음식이다. 매콤하면서도 시원한 국물이 식욕을 자극하고 부드러운 두부가 매운 입을 달래 주는 조화로움이 가득한 음식이다. 뚝배기에 끓여 달걀을 얹은 순두부찌개는 보글보글 끓고 있는 모습과 소리만으로도 군침이 돌게 한다.

Parlons coréen ! p. 83

못 먹어 봤어요

'못'은 동사가 나타내는 동작을 할 수 없거나 상태가 이루어지지 않았다는 부정의 의미를 나타낸다. '못'은 동사 앞에 사용한다.

조개를 사용한다면 지금 넣으세요.

'-ㄴ다면'은 어떤 동작을 할 것이라고 예상되는 말을 가정하여 조건으로 삼음을 나타내는 말이다.

4 고기 Viande

불고기 Bulgogi

p.84

불고기는 얇게 썬 소고기를 간장과 같은 양념에 재워 두었다가 구워 먹는 음식이다. 불고기 양념은 간장에 단맛을 내는 배나 설탕을 기본으로 하고 있어서 달달하면서도 짭조름한 맛이 누구에게나 매력적이다. 불고기라는 이름은 고기를 불에 굽는다는 의미로 예전에는 재워 둔 고기를 석쇠에 놓고 구워 먹었다. 그러나 요즘은 프라이팬에 볶듯이 익혀서 먹는 것이 일반적이다.

Parlons coréen ! p. 87

소고기 있어요?

'있어요?'는 어떤 사물이 존재한다는 의미인 '있다'의 활용형으로 사물의 존재 여부를 물어볼 때 사용한다. 보통 'N(이/가) 있어요?'

의 형태로 쓰이며, 질문에 대한 긍정 대답은 '네, 있어요.'를 사용한다.

아니요, 없어요.

'없어요'는 '없다'의 활용형이며 '있다'와 반대되는 의미를 가진다. 'N 있어요?'라는 질문에 대한 부정의 대답으로 '(N) 없어요.'를 사용한다. '있다/없다'의 활용은 물건을 살 때, 식당에서 주문할 때도 활용된다.

갈비탕 Galbitang p.88

갈비탕은 소갈비를 물을 넣고 은근한 불에 갈비에 붙은 살들이 부드럽게 떨어질 만큼 오랫동안 끓여서 먹는 국물 음식이다. 오래 끓여서 잘 무른 고기는 뼈를 들고 뜯어 먹고, 깊고 진한 국물에 흰 쌀밥을 말아서 깍두기와 함께 먹으면 가장 맛있다. 소갈비는 예나 지금이나 비싼 식재료이지만, 갈비탕 한 그릇은 속을 든든하게 채우고 보양할 수 있는 음식이다.

Parlons coréen ! p. 91

어디 있어요?

'어디'는 'N 어디 있어요?'로 쓰여 사물이나 사람의 소재나 행방을 물을 때 사용한다. 이에 대한 대답으로 '여기/거기/저기 있어요.'를 사용할 수 있으며, '여기'는 화자에게, '거기'는 청자에게 가까운 곳을 가리키며, '저기'는 화자와 청자 모두에게 멀리 있는 곳을 가리킨다.

식탁 위에 있어요.

'어디 있어요?'에 대해 구체적인 위치를 설명해야 할 때에는 '위/아래/안/밖 + 에 있어요.'의 형태로 대답할 수 있다. '위/아래/안/밖'은 반드시 '에'를 붙여야 한다.

갈비구이 Galbigui p.92

갈비구이는 소갈비에서 살을 얇게 발라 펼쳐서 간장을 기본으로 한 양념에 재웠다가 숯불에 구운 음식이다. 불고기와 양념이 거의 같지만, 고기의 부위가 다르기 때문에 식감과 맛이 차이가 있다. 숯불에 구우면 숯불의 향이 고기에 배어들어 맛을 더해 주며, 프라이팬에 구우면 양념이 끝까지 배어들어 달달하고 짭조름한 맛이 더욱 깊어진다.

Parlons coréen ! p. 95

갈비구이 만들어요.

'-아/어요'는 현재 시제를 나타내는 비격식체의 높임의 종결 어미이다. 이미 잘 알고 있는 친숙한 사람에게 말할 때 쓰인다.

점심을 먹어요.

'을/를'은 목적격 조사로 앞에 있는 명사가 목적어임을 나타낸다.

갈비찜 Galbijjim p.96

갈비찜은 소갈비 또는 돼지갈비와 무, 당근, 표고버섯 등을 간장으로 양념하여 은근히 끓여 부드럽게 만든 음식이다. 갈비 특히 소갈비는 한우 중에서 가장 비싼 부위이며 소의 갈비에서 발라낸 고기는 특별한 맛을 가지고 있어서 갈비찜은 맛있고 고급스러운 음식의 대표라고 할 수 있다. 따라서 갈비찜은 명절이나 생일날, 특별한 날에 먹는 음식으로 여겨지고 있다.

Parlons coréen ! p. 99

불을 줄이세요.

'-(으)세요'는 동사의 어간 뒤에 붙어서 다른 사람에게 어떤 동작을 행하도록 요구하거나 지시할 때 사용할 수 있다.

얼마나 넣어요?

'얼마'는 의문문에 쓰여 수량이나 정도를 물어볼 때 쓰는 말이며, '얼마나'의 '나'는 '얼마'의 뜻을 강조하거나 더해 주는 역할을 한다. '다섯 컵'의 '컵'은 단위를 나타내는 말로 사용되었으며, '숫자 + 단위 명사'로 사용한다.

장조림 Jangjorim p.100

장조림은 소고기나 돼지고기를 큼직하게 토막 내어 간장과 설탕을 넣고 조린 밑반찬이다. 큼직한 고기를 결대로 잘게 찢어서 간장과 함께 반찬으로 상에 올리는데, 고기 육수와 간장, 설탕이 조려지면서 조화로운 감칠맛을 내기 때문에 밥 한 그릇을 순식간에 비워 버리게 된다.

Parlons coréen ! p. 103

마늘요.

'N + 요'는 질문에 대해 간단히 대답할 때 사용할 수 있다. '마늘요'는 '마늘이 필요해요'를 핵심만 간단하게 줄여서 표현한 것이다.

몇 개 필요해요?

'몇'은 수를 물을 때 쓰는 말이다. '개'는 물건을 세는 단위이다. 따라서 물건의 개수를 물을 때 '몇 개 ~ ?'의 표현을 사용하면 된다.

소고기뭇국 Sogogi-mutguk p.104

소고기뭇국은 소고기로 국물을 내고 여기에 무를 넣고 끓인 국이다. 사계절 언제나 먹을 수 있지만 특히 겨울에는 무가 단맛을 내기 때문에 겨울에 끓여 먹는 소고기뭇국은 더 깊은 감칠맛을 낸다. 자극적이지 않아 어린이들도 먹을 수 있으며 한국 사람들은 일상적으로 많이 먹는 국이다.

Parlons coréen ! p. 107

안 매워요.
'안'은 부정의 의미를 나타내는 부정 부사로 동사나 형용사의 앞에 쓰인다.

국물만 더 주세요.
'만'은 명사 뒤에 붙어서 어떤 것을 한정하는 의미는 나타낼 때 사용되다. '더'는 어떤 기준 이상의 의미이다.

고추장불고기 Gochujangbulgogi p.108

돼지고기를 얇게 썰어 고추장을 비롯한 갖은 양념에 재웠다가 구워 먹는 음식이다. 고추장이 돼지고기 특유의 냄새를 없애 주고, 볶을 때 나오는 지방과 어우러져 육질을 부드럽게 만들어 준다. 재워둔 고기를 중불에서 달달 볶으면 고추장 양념이 자극적이지 않으면서 자꾸 끌리는 매력적인 매콤한 맛이 난다.

Parlons coréen ! p. 111

고추장불고기 어때요?
'어때요?'는 다른 사람에게 어떤 것을 제안하거나 상대방의 의사를 물을 때 사용한다. 보통 명사 뒤에 조사가 생략된 'N 어때요?'의 형태로 사용한다.

맵지만 맛있어요.
'-지만'은 앞의 내용을 긍정하면서 뒤에 그에 반대되는 내용을 말할 때 쓰는 연결 어미이다. 따라서 '-지만' 앞과 뒤의 내용은 상반되며, 동사 어간에 '-지만'을 붙여 쓴다.

동그랑땡 Donggeurangttaeng p.112

동그랑땡은 간 돼지고기나 소고기를 두부, 다진 채소와 섞어 동글납작하게 모양을 만들어 달걀옷을 입혀서 지진 전의 한 종류이다. 동그란 모양 때문에 육원전, 완자전이라고도 한다. 따뜻할 때 먹는 동그랑땡은 육즙이 가득하고 채소와 두부가 어우러져 느끼하지 않다. 보통 반찬이나 술안주로 먹으며, 명절날이나 생일날 많이 만드는 전의 한 종류이다.

Parlons coréen ! p. 115

동그랗게 만들어요.
'-게'는 형용사의 어간 뒤에 붙어 부사처럼 사용될 수 있게 하는 연결 어미로 뒤에 오는 동사를 수식한다.

불고기를 먹고 싶어요.
'-고 싶어요'는 어떤 일을 하고 싶다는 뜻을 표현할 때 사용한다. 동사 뒤에 '-고'를 붙여서 'V + -고 싶다'의 형태로 사용한다.

삼계탕 Samgyetang p.116

어린 닭의 배 속에 찹쌀, 인삼, 마늘, 대추를 채워 넣고 푹 삶아 만든 음식으로, 한국에서는 땀을 많이 흘리는 여름에 부족 되기 쉬운 영양을 보충하기 위해 많이 먹는 음식이다. 단백질을 비롯하여 몸에 좋은 영양소가 들어있기 때문에 보양식으로 여겨진다. 인삼을 빼기도 하는데 맛에는 크게 차이가 없고, 영양을 높이기 위해 전복을 넣기도 한다.

Parlons coréen ! p. 119

한 마리 필요해요.
'마리'는 동물이나 물고기를 세는 단위 명사로 '숫자 + 마리'의 형태로 활용한다. '한'은 《 un 》 의 의미이며, 단위 명사와 결합되면 '하나'가 '한'으로 바뀐다.

닭고기지요?
'(이)지요?'는 이미 알고 있는 사실을 확인할 때 사용하며, 'N + (이)지요?' 의 형태로 활용하며, 동사/형용사와도 결합하여 쓸 수 있다.

찜닭 Jjimdak p.120

찜닭은 토막 낸 닭과 감자, 당근 등 각종 채소를 간장 양념을 넣고 끓이다가 당면을 넣어 조려 낸 음식이다. 닭고기가 채소들에서 우러난 국물에 푹 익고 간장 양념에 조려지면서 맛있어지며, 마지막에 넣은 당면은 간장 양념과 잘 어울려 잡채와 같은 느낌이 들기도 한다.

Parlons coréen ! p. 123

무슨 음식 좋아해요?
'무슨'은 일이나 대상, 물건 등에 대해 물을 때 사용하며, '무슨 + N'의 형태로 사용한다. '무슨 + N ~?'에 대한 대답은 간단히 'N + 요'로 할 수 있다. '다'는 《 tout 》 의 의미의 부사로 동사나 형용사 앞에 쓸 수 있다.

닭고기도 좋아해요?
'도'는 명사 뒤에 붙어서 《 aussi 》, 《 également 》 의 의미를 나타내며, 한 가지를 말하고 다른 하나를 더 보태서 이야기할 때 쓰인다.

닭갈비 Dakgalbi p.124

닭갈비는 닭다리살이나 토막 낸 닭고기를 고추장 양념에 재웠다가 양배추, 당근 등 채소와 함께 프라이팬에 볶은 음식이다. 춘천의 한 선술집에서 돼지갈비 대신 닭고기를 재워서 구워 팔면서 시작되어 '춘천 닭갈비'라고도 한다. 닭갈비에 떡볶이떡, 고구마 등을 넣어 볶기도 하고 모차렐라 치즈를 얹기도 한다. 닭고기를 다 먹고 남은 양념에 밥을 볶아도 맛있다.

Parlons coréen ! p. 127

고추장하고 고춧가루도 필요해요.
'하고'는 사람이나 사물을 나열할 때 쓰이는 조사이며, 명사 뒤에 붙여 쓴다.

마늘과 참기름도 필요해요.
'와/과'는 '하고'처럼 사람이나 사물을 나열할 때 쓰이는 조사이며, 명사 뒤에 붙여 쓴다.

5 해산물 Fruits de mer

해물파전 Haemulpajeon p.128

해물파전은 밀가루 반죽을 입힌 파를 듬뿍 깔고 각종 해산물을 얹어서 노릇하게 지져 낸 음식이다. 파전은 막걸리와 환상의 궁합을 이루는 음식으로 막걸리를 즐기는 사람이 많아지면서 파전도 인기가 높아지고 있다. 파전의 가장자리는 바삭하고 고소하여 가장자리를 먼저 먹으려고도 하며, 파전을 직접 만들면 노릇하게 익어 가는 동안 군침이 돌기도 한다.

Parlons coréen ! p. 131

비가 올 때 해물파전을 만들어요.
'-(으)ㄹ 때'는 어떤 동작이나 현상이 일어나는 시간이라는 의미를 나타낼 때 사용하는 표현이다.

음식을 만드는 중이에요.
'V + -는 중이다'는 무엇을 하는 중간에 있음을 나타내는 표현이다.

미역국 Miyeokguk p.132

미역국은 마른 미역을 불려서 은근한 불에서 끓이는 국물 음식이다. 미역은 미끌미끌한 식감 때문에 싫어하는 사람도 있지만, 미역국은 깊은 맛의 국물을 위주로 즐기기 때문에 미역의 식감을 싫어하는 사람도 도전해 볼 만하다. 한국 문화에 있어서 '미역국'은 생일에 먹는 대표적인 음식이며, 아이를 낳은 산모의 회복을 돕는 음식으로 알려져 있다.

Parlons coréen ! p. 135

10월 5일이에요.
'며칠'은 날짜를 물을 때 사용한다. 한국어 고유어와 한자어의 두 가지 숫자 체계가 있으며 날짜를 읽을 때에는 한자어 숫자로 읽는다.

미역국을 먹었겠어요.
'-겠-'은 어떤 상황에 대한 추측을 나타낼 때 쓰이는 선어말 어미로 동사/형용사의 어간과 어미 사이에 결합한다.

새우전 Saeujeon p.136

고기, 생선, 채소 등을 밀가루와 달걀옷을 입혀서 기름을 두른 팬에 지져내는 음식을 '전'이라고 한다. 새우전도 '전'의 한 종류로 새우를 통으로 또는 다져서 각종 다진 채소를 넣고 섞어 밀가루와 달걀옷을 입혀 팬에 지진 음식이다. 노릇하게 부친 새우전은 탱글탱글한 식감이 살아 있어서 씹는 즐거움이 있다. 새우전은 반찬으로 또는 안주로 먹는다.

Parlons coréen ! p. 139

삼백 그램 필요해요.
가격, 중량을 말할 때에는 한자어 숫자 체계를 사용한다.

전을 먹어 본 적이 있어요?
'-(으)ㄴ 적이 있다'는 동사와 결합하여 경험을 나타낼 때에 쓰이는 표현이다. 이에 대한 대답은 간단히 '네, 있어요.' 또는 '아니요, 없어요.'로 할 수 있다.

어묵탕 Eomuktang p.140

어묵은 생선의 살을 으깨어 소금 등을 넣고 반죽하여 튀긴 것이다. 이렇게 만들어진 다양한 종류의 어묵을 꼬치에 끼워 물을 넉넉히 넣고 무, 양파, 멸치 등과 함께 끓여서 먹는 음식이 어묵탕이다. 추운 겨울이면 뜨끈한 어묵탕이 생각나고 어묵탕의 국물만 봐도 몸이 녹는 듯하다. 어묵 꼬치는 떡볶이와 함께 대표적인 길거리 음식이며 자극적이지 않아 누구나 좋아하는 음식이다.

Parlons coréen ! p. 143

어떤 계절을 좋아해요?
'어떤'은 사람이나 사물의 특성, 내용, 상태 등에 대해 물을 때 사용하며, '어떤 + N'의 형태로 사용한다. '어떤 + N ~?'에 대한 대답은 간단히 'N + 요'로 할 수 있다. 계절을 나타내는 말은 봄, 여름, 가을, 겨울이 있다.

따뜻한 어묵탕요.
'-(으)ㄴ'은 형용사가 뒤에 오는 명사를 꾸밀 수 있게 만들어 주는 어미이다.

오징어볶음 Ojingeo-bokkeum p.144

오징어볶음은 깨끗하게 손질한 오징어와 양파, 당근 등 채소들을 고추장과 고춧가루 양념에 볶아낸 음식이다. 고추장과 고춧가루를 기본양념으로 사용하고 여기에 청양고추를 추가로 넣어 만드는 매운 음식 중 하나이다. 오징어볶음은 반찬으로 먹기도 하지만 밥 위에 얹어 한 그릇 음식으로 밥과 비벼 먹기도 한다. 한국 사람들은 입맛이 없을 때 이런 종류의 매운 음식을 즐기기도 한다.

Parlons coréen ! p. 147

오징어를 더 좋아해요.
'보다'는 비교의 대상이 되는 말에 붙어 두 대상을 비교할 때 쓰인다. '더'는 'more'의 의미로 뜻을 더해준다.

맛있게 드세요.
'드세요'는 '먹다'의 높임말로 상대방에게 음식 따위를 먹어 보라고 권할 때 사용한다. '맛있게 드세요'는 식사 전에 하는 인사말로도 흔히 쓰인다.

6 기타 Autre

된장찌개 Doenjangjjigae p.148

된장은 콩을 삶아 발효시켜 간장을 담근 후 남은 건더기로 만든 것이다. 된장찌개는 된장을 물에 풀고 호박, 양파 등의 채소와 고기, 두부 등을 함께 넣어 끓인 국물 음식이다. 된장찌개에 들어가는 재료는 따로 정해져 있지 않으며 된장만 있으면 어떤 재료를 조합해도 맛있는 된장찌개가 만들어진다. 된장찌개는 한국 사람들에게 있어서는 '집밥'을 생각나게 하는 음식이며, 한식을 대표하는 음식이기도 하다.

Parlons coréen ! p. 151

10분쯤 걸려요.
'쯤'은 대략 그만한 정도라는 의미를 더해주는 말이다. '10분'의 '분'은 시간을 읽는 단위이다

된장찌개를 끓이고 있어요.
'-고 있다'는 어떤 일이 진행 중에 있음을 나타내는 표현이다. 'V+-고 있다'의 형태를 활용하며 '-(으)ㄴ 중이다'와 같은 의미이다.

부대찌개 Budaejjigae p.152

부대찌개는 전골 냄비에 김치와 소시지, 햄 그리고 각종 채소를 담아 육수를 붓고 양념장을 넣어 끓이는 음식이다. 재료에서 이미 알 수 있듯이 부대찌개는 한국의 전통 음식이 아니라 한국 전쟁 때 미군 부대를 통해 소시지와 햄이 전해지면서 생겨난 음식이다. 부대찌개는 김치와 소시지, 햄이 묘한 조화를 이루어 칼칼하면서도 육류에서 우러난 진한 국물 맛을 느낄 수 있다.

Parlons coréen ! p. 155

물을 많이 넣으면 안 돼요.
'-(으)면 안 되다'는 어떤 행동이 금지되었거나 제한되었음을 나타낸다.

국물이 끓으면 파를 넣으세요.
'-(으)면'은 뒤에 오는 내용에 대한 조건이나 가정을 나타낼 때 사용하는 어미이다.

잡채 Japchae p.156

삶은 당면과 시금치, 당근, 양파 등 볶은 채소, 고기 등을 간장 양념으로 버무려 먹는 음식이다. 재료들을 각각 양념하여 익힌 후 섞어서 버무리기 때문에 각각의 재료들의 식감이 살아 있으면서도 당면과 채소들의 맛이 어우러진다. 잡채는 예부터 화려하면서도 품격이 있는 음식으로 여겨졌기 때문에 생일잔치, 결혼 피로연 등 각종 잔칫상에 빠놓을 수 없는 음식이다.

Parlons coréen ! p. 159

생일 파티를 할 거예요.
'-(으)ㄹ 거예요'는 미래에 일어날 사건이나 행동을 나타낼 때 사용하는 표현이다.

식은 후에 넣으세요.
'V+-(으)ㄴ 후에'는 어떤 일 다음에 다른 행동이 뒤따를 때 사용하는 표현이다.

김말이 Gimmari p.160

김말이는 튀김의 한 종류인데, 당면과 여러 가지 채소들을 김으로 말아 반죽을 입혀 튀긴 음식이다. 김말이는 떡볶이, 어묵 꼬치와 함께 길거리 포장마차나 분식집에서 쉽게 먹을 수 있는 간식이며, 김말이만 먹기 보다는 떡볶이 국물을 찍어 먹으면 그 맛이 일품이다. 집에서는 잡채가 남는 경우 잡채를 그대로 김에 말아서 쉽게 만들 수 있어 떡볶이와 함께 많이 만들어 먹는다.

Parlons coréen ! p. 163

버리지 마세요.
'V+-지 말다'는 어떤 행동을 하지 못하게 하거나 그만두게 함을 나타낼 때 사용하는 표현이다.

떡볶이하고 같이 드세요.
'같이'는 둘 이상의 사람이나 사물이 함께하다는 의미로 동사 앞에 쓴다. '드세요'는 '먹다(먹어요)'에 대한 높임의 표현이다.

호떡 Hotteok p.164

호떡은 밀가루 반죽을 발효시켜 흑설탕과 견과류로 만든 소를 넣어 기름을 넉넉하게 두른 팬에 구워 내는 간식의 한 종류이다. 겉이 노릇하고 바삭하게 익은 호떡을 한입 베어 물면 초콜릿 혹은 캐러멜 같은 흑설탕 잼이 달콤하게 입 안 가득 퍼진다. 호떡은 길거리 간식 중 하나이며 겨울에 인기가 더 많다. 요즘은 씨앗 호떡, 녹차 호떡 등 이색적인 호떡이 많아졌다.

Parlons coréen ! p. 167

흑설탕과 견과류로 만들어요.

'(으)로'는 어떤 물건의 재료나 원료를 나타날 때 사용하는 조사로 명사 뒤에 붙여 쓴다.

집에서 만들 수 있어요.

'-(으)ㄹ 수 있어요'는 어떤 일을 할 수 있음을 나타내는 표현이다.

감자전 Gamjajeon p.168

감자전은 생감자를 강판에 곱게 갈아 건더기와 가라앉은 녹말을 함께 넣고 반죽하여 기름에 지진 음식이다. 많은 재료가 필요 없고 만드는 방법도 간단하여 쉽게 만들어 먹을 수 있다. 고소하고 쫀득한 감자전은 김치전, 빈대떡과 함께 비 오는 날 생각나게 하는 간식 겸 반찬이다. 개운하고 칼칼한 맛을 위해 풋고추, 양파 등을 같이 넣어 만들기도 한다.

Parlons coréen ! p. 171

감자를 사러 가요.

'V + -(으)러 가다'는 어떤 곳에 가는 이유나 목적을 나타낼 때 사용하는 표현이다.

감자가 얼마예요?

'얼마예요?'는 물건의 가격을 물을 때 쓰는 표현이다. '100g에'에서 '에'는 ≪pour≫, ≪par≫ 의 의미이며, 가격을 읽을 때에는 한자어 숫자를 사용한다.

호박죽 Hobakjuk p.172

호박죽은 늙은 호박을 삶아 으깨서 찹쌀가루를 넣고 끓인 죽이다. 호박죽의 황금빛의 고운 색깔과 부드럽고 달콤한 맛이 눈과 입을 즐겁게 한다. 예전에는 집집마다 호박을 키워 열매와 잎, 순을 다양하게 조리하여 모두 먹었다. 호박죽은 부드럽고 부담이 없어서 아침 식사로 또는 식전 음식이나 간식으로 먹는다. 호박죽은 칼로리가 낮아 다이어트 음식으로도 활용된다.

Parlons coréen ! p. 175

삶기 전에 불리세요.

'V + -기 전에'는 어떤 행동이나 상태가 다른 행동이나 상태보다 앞서는 것을 나타낼 때 사용하는 표현이다.

호박부터 잘라 주세요.

'부터'는 어떤 일이나 상태 따위에 관련된 범위의 시작임을 나타내는 조사이며, 명사 뒤에 붙여 쓴다. 끝을 나타내는 '까지'가 뒤에 오는 경우가 많다.

핫도그 Hot-dog p.176

핫도그는 나무 꼬치에 소시지나 치즈를 끼우고 밀가루 반죽으로 감싸서 튀긴 뒤 설탕과 케첩, 머스터드 등을 뿌려 먹는 간식의 한 종류이다. 예전에는 소시지가 들어 있는 핫도그만 있었지만 최근에는 소시지 대신 모차렐라 치즈를 넣은 치즈 핫도그가 인기가 많다. 핫도그는 서양의 hot-dog 가 한국에 들어와 변주된 것으로 마치 hot-dog 에 막대를 꽂은 것처럼 보이지만 만드는 방법과 맛이 많이 다르다.

Parlons coréen ! p. 179

소시지나 치즈 있어요?

'N + (이)나'는 둘 이상의 사물을 같은 자격으로 연결하면서 그 사물 중 하나만이 선택됨을 나타낼 때 사용한다.

요리를 잘해요?

'을/를 잘하다(동사)'는 '을/를'의 대상이 되는 것을 능숙하게 수행할 수 있다는 의미를 나타내는 표현이다. 이에 반대 되는 표현은 '을/를 못하다(동사)'이다.

짜파구리 Jjapaguri p.180

영화 '기생충'에 등장했던 '짜파구리'는 영화가 세계적으로 흥행을 하면서 함께 유명해진 한국 음식이다. '짜파구리'는 '짜파게티'라는 라면의 앞 2글자와 '너구리'라는 라면의 뒤 2글자를 합쳐서 붙여진 이름이다. 짜파구리는 이름처럼 조리법과 맛이 전혀 다른 두 가지 라면을 함께 조리하여 그 맛이 매우 독특하다. 더군다나 여기에 영화에서처럼 소고기 채끝살을 함께 먹으면 맛과 영양이 풍부해진다.

Parlons coréen ! p. 183

3분 더 끓이세요.

'3분'의 '분'은 시간을 읽는 단위이다. '분'을 읽을 때에는 고유어 숫자를 사용한다.

열한 시예요.

'11시'의 '시'는 시간을 읽는 단위 중 '시간'을 의미한다. '시'의 숫자 부분을 읽을 때에는 한자어 숫자를 사용한다.

Index des ingrédients

Index du vocabulaire culinaire

ㅂ

ㅅ

ㅇ

ㅈ

263521 - (I) - SOP 90° - NOC - PRU
Dépôt légal : novembre 2023
Imprimé en Espagne par Gráficas Estella